动植物篇

汉字有话说

墨 丽 著

文心出版社

·郑州·

图书在版编目（CIP）数据

汉字有话说. 动植物篇 / 墨丽著. — 郑州：文心
出版社，2024. 12. — ISBN 978-7-5510-3077-9

Ⅰ. H12-49

中国国家版本馆CIP数据核字第2024PY9002号

出　　版　文心出版社
社　　址　河南自贸试验区郑州片区（郑东）祥盛街27号　邮政编码：450016
发　　行　新华书店
印　　刷　河南省诚和印制有限公司
版　　次　2024 年 12 月第 1 版
印　　次　2024 年 12 月第 2 次印刷
开　　本　889 毫米 × 1194 毫米　1 / 20
印　　张　7
字　　数　120 千字
书　　号　ISBN 978-7-5510-3077-9
定　　价　39.80元

如发现印、装质量问题，请与印刷厂联系调换。电话：0371 - 63779016

动物篇

目 录

植物篇

动物篇

六畜

狗字真热闹

如果问人类最忠诚的动物朋友是谁，相信大多数人都会给出同样的回答——狗。

狗，又叫犬。

早在一万多年前，人类就已经驯化了狗。"狗"和"犬"，你能分清楚吗？

"犬"字产生较早，甲骨文写作 ，是不是很像一只狗的形状？造字本义是狗。

"犬"字形演变

甲骨文 → 金文 → 小篆 → 隶书 → 楷书

"狗"字产生较晚，金文写作 ，左边是 ，表示读音；右边是 ，是一条狗的形状。造字本义是未成年的小狗。

"狗"字形演变

金文 → 小篆 → 隶书 → 楷书

3

狗对人们的生活影响非常大。原始社会时期，人们狩猎时总是带着狗。

"狩"的甲骨文写作 𤠔，左边是武器的形状，右边是一条狗的形状。造字本义是打猎。

> 我明白了，怪不得大家都说"小狗""大型犬"呢。

很多被狩猎的动物的字都是反犬旁，比如"狐狸""狼""狮""猴"等。甚至后来，和狗没有关系的"猪""猫"也是反犬旁，足见狗对人们的生活影响之深。

"奖"的篆文写作 𤟩，上面是 𤘇，是案上放着一块儿肉的形状，还可以表示读音；下面是 𤚙，表示用肉食慰劳狗，以激励狗听从主人的命令。"状"的篆文写作 𤟲，本义为狗的形状，后来才泛指形状和样子。

"臭"的甲骨文 𤝸 也很有意思，下面是一只狗的形状，上面突出狗的鼻子，表示狗循着气味去追寻猎物。

啊？

> 其实，"奖状"这两个字也和狗有关。

后来，"臭"用来指不好闻的气味，和"香"相对。人们还在"臭"的旁边加上"口"，使它变成了"嗅"，用来表示用鼻子辨别气味。

两只狗如果在一起会怎么样呢？应该会打架吧。"狱"的金文写作 𤢃，左右两边都是

"犬"，中间的 表示说话、争辩。古人认为，狱讼（打官司）的双方就像是两只犬在对着叫一样。

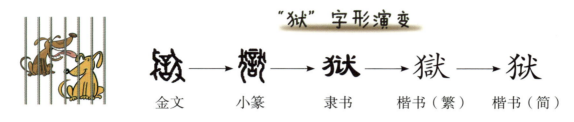

"狱"字形演变

金文 → 小篆 → 隶书 → 楷书（繁） → 楷书（简）

原来每个字背后都有这么多故事呀！汉字可真是太有意思了！

读完这本书，妈妈再也不用担心我的语文了。

成语故事

鸡鸣狗盗

战国时期，齐国的孟尝君是战国四公子之一，门下食客众多。

有一次，孟尝君率领众门客出使秦国。秦昭王非常欣赏孟尝君，留下他做了相国。这引起了秦国大臣的不满，他们纷纷劝秦昭王，说孟尝君是齐国的贵族，不可能真心留在秦国。

时间久了，秦昭王相信了那些大臣的话，便把孟尝君和他的门客软禁起来，准备找个借口杀掉。孟尝君派人去见秦昭王最宠爱的妃子，向她求助。妃子爽快地答应了，但希望孟尝君把送给秦昭王的白狐裘再送一件给自己。

孟尝君很为难，因为这样名贵的白狐裘只有一件。他的一个门客善于钻狗洞偷东西，便自告奋勇去王宫，把狐白裘偷出来送给妃子。妃子见到狐白裘后很高兴，说服秦昭王不杀孟尝君，放他回国。秦昭王同意了，并且准备过两天为孟尝君饯行。

孟尝君担心秦昭王反悔，不敢再等两天，立即率领手下，连夜偷偷骑马回国。

第二天，秦昭王果然后悔了，得知孟尝君偷偷走了，便派追兵去抓捕。

孟尝君逃到秦国边境函谷关的时候，正是半夜。按秦国法规，函谷关每天凌晨鸡叫才开门。再等下去，万一秦国的追兵赶到，他们一定难逃此劫。大家正犯愁时，只听见几声"喔喔喔"的雄鸡啼鸣，接着，城关外的雄鸡都打鸣了。原来，孟尝君的另一个门客会学鸡叫。守关的

士兵听到鸡叫后，就打开城门，放他们出去了。

就这样，孟尝君靠着这些会钻狗洞、会学鸡叫的门客，逃回了齐国。

这是《史记·孟尝君列传》中的一个故事。后来，人们就把这个故事总结为成语"鸡鸣狗盗"，原本指微不足道的技能，后来泛指小偷小摸的行为。

趣味知识卡

为啥狗眼看人低

有一句俗语叫"狗眼看人低"，意思是说有的人品行差，势利眼，看不起人。为什么说狗眼看人低呢？这可是有科学依据的。

狗的体形一般矮小。在狗的眼里，人要比实际身高矮很多。所以，狗压根不怕陌生人，见了陌生人就狂吠乃至撕咬。但是，很有意思的是，弯下腰的人在狗的眼睛里，反而变得很高大。所以，农村还有一句俗话叫作"狗怕弯腰"。

有猪才是家

很早很早以前，大地上生活着很多野猪。这些野猪虽然外貌凶狠，但是它们的肉味道极好，所以成了人们狩猎的主要对象。

甲骨文的"豕"写作 ✄ 或者 ✄，都是嘴巴长长的野猪形象。

"豕"字形演变

| 甲骨文 | 金文 | 小篆 | 隶书 | 楷书 |

来看看甲骨文 ✄，左边是箭头，右边是野猪，表示这是一只中了箭的野猪，这个字便是后来的"彘"。今天，我们已经很少使用"彘"字了，但是在古代，它经常用来指猪。

野猪被驯养成家猪后，繁殖快，肉好吃，被圈

我记得《山海经》中也提到过"彘"这种动物。

是的。不过在《山海经》中，"彘"是一种吃人的怪兽，而不是可以让人吃的大猪。

养得越来越多，成为人们财富的象征。所以，屋内蓄养猪成了定居生活的标志。

甲骨文的"家"写作，是由（宀，表示房屋）和（豕，表示猪）构成的，表示在屋下养猪，造字本义指定居的家庭生活。

而"猪"字产生较晚，金文写作，造字本义是家猪。最有名的猪，就是猪八戒了。你知道猪八戒是什么品种的猪吗？

《西游记》中，猪八戒长得白白胖胖的，有人认为他是白猪。其实，古代没有白猪，养的都是黑猪。《西游记》中也说，猪八戒是一个"黑壮汉"。

俺看起来白白胖胖的，其实是黑猪啦。

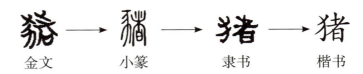

野猪肉还被用于祭祀。"豚"的甲骨文就是在"豕"的旁边加上"肉"字旁，强调了这种猪的肉很美味。"豚"的造字本义是祭祀用的猪，后来表示小猪，再后来就泛指所有的猪了。陆游在《游山西村》一诗中写道："莫笑农家腊酒浑，丰年留客足鸡豚。"诗中的"豚"就是小猪的意思。

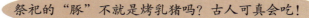

祭祀的"豚"不就是烤乳猪吗？古人可真会吃！

"亥"的甲骨文写作 ⺈，是由 ⻙（豕）分化而来的，造字本义也是猪，后来假借为地支的第十二位。十二生肖中有"亥猪"，其实，亥就是猪，猪就是亥。

曾子杀猪

春秋时期，孔子的学生曾参也是儒家学派的代表人物之一，后人尊称他为"曾子"。

曾子勤奋好学，但是家境并不富裕。有一次，他的妻子有事情要到集市去。儿子在家里哭闹，不肯放母亲离开。妻子就哄儿子说，等她回来就杀猪吃肉。儿子一听，不哭了。

下午，妻子从集市上回来了。曾子拿出刀，在院子里磨起来。妻子奇怪地问："你磨刀做什么？"

曾子头也不抬地说："磨快了刀，好杀猪。"

妻子急忙说："早上只是为了哄孩子，才那样随口一说。"

曾子停下了磨刀，抬起头，认真地说："我们不能随便和孩子开玩笑。孩子没有分辨能力，所有的行为都是向父母学习。如果今天你欺骗他，就是在教他学骗人。何况，做母亲的欺骗儿子，儿子以后便不会再相信母亲。这样是不能把孩子教育好的。"

这是记载在《韩非子·外储说左上》中的一个寓言故事。故事告诉我们，做人要谨守诚信，说到做到。

庞然大物——牛

牛身躯庞大，性格温和，还可以用来耕地，是人类生活的好伙伴。

"牛"的甲骨文写作 ꓹ，字形像动物头部的线描，突出了鼻孔在鼻头上的形状 ꓱ，向两侧伸出了一对弧形尖角 ꓴ。有的甲骨文 ꓹ 淡化了牛鼻 ꓱ 的形状。篆文 ꓹ 加强了中间的竖笔，牛鼻子的形状消失。

"牛"字形演变

| 甲骨文 | 金文 | 小篆 | 隶书 | 楷书 |

牛在古代的地位非凡。祭祀时，牛、羊、豕三牲齐全，称为"太牢"。只有羊和豕的时候，称为"少牢"。古代礼法规定，天子祭祀的时候才可以用"太牢"；诸侯祭祀时，只能用"少牢"。这些用于

太牢　　　　少牢

祭祀的牲畜，统称为"牺牲"。后来，"牺牲"才引申成为了正义的事业而献出生命。

牛也是分阶级的。最强壮的公牛被称为牨（小篆，特），主要用来祭祀，地位非凡。由此，"特"引申为杰出、不寻常、特别。

毛色花杂的牛被称作"物"。"物"的甲骨文写作牣，左边是牛的形状牛，右边是勿（勿）。这样的牛比较普遍，由此，"物"指世界上的一切东西，如"万物"。

安安，你今天挺特别的——特别博学。

我明白了，怪不得人们用"独特""特有""特异"来表扬人呢。

还有一些字和牛的动作有关。"牧"的甲骨文写作牧，左边的攴（支）像是手拿小棍子的形状，造字本义是放牧牲畜。牵着牛去耕田便是"犁"。牵引着牛向前走便是"牵"，甲骨文写作牵，⊂是圈环的形状，丨是绳子的形状，表示农人在牛身上套上圈环或者绳子，拉着它走。

如果有人犯了罪，那怎么办呢？就把他关在牢里。但是最开始，牢里关的可不是人，而是牛。"牢"的甲骨文写作牢，外面是围栏的形状冂，里面是牛（牛），造字本义是牛圈，后来才引申为关押犯人的监狱。

"牟"的甲骨文写作𤘡，是在𤙴（牛）的头上加一张▭（口），表示牛叫声。后来，"牟"的本义消失，假借为谋取，组词如"牟取私利"。人们又在"牟"的旁边加上"口"，得到"哞"字，表示牛叫。

还有一些字和杀牛有关。把牛一劈两半，变成"半"，金文写作𣥂，上面的八表示分开。

"半"字形演变

金文 → 小篆 → 隶书 → 楷书

后人在"半"字旁加上𠄌（刀）的形状，变成"判"，篆文为𠝦。造字本义是用刀分解牛肉。分割牛肉便是"件"，篆文写作𠈲，字形表示分割牛肉，一人一份。后来，"件"的本义消失，引申为量词。

我发现了，每个字的引申义都和本义有关联，把它们联系起来，就像故事一样生动精彩。

汉字可真神奇呀！

对牛弹琴

春秋时期，鲁国著名的音乐家公明仪对音乐有极深的造诣，最擅长弹琴。

一年春天，公明仪带着琴来到城郊散步，发现不远处有一头大公牛正在悠闲自得地吃草。他突发奇想要为这头公牛演奏一曲，便拨动琴弦，弹奏了一首高雅的《清角》。

谁知，那头大公牛就像没听到一样，还是自顾自地吃草。这让公明仪很受打击。

过了一会儿，公明仪又想出了一个办法。他用琴模仿蚊虫振翅的声音和小牛犊的叫声。

牛果然有反应了，停止吃草，摆动尾巴竖起耳朵，小步走，似乎在回应公明仪的琴声。

这是东汉牟融的《牟子理惑论》中的一个故事，后来被浓缩为成语"对牛弹琴"，用来比喻对愚蠢的人讲深刻的道理，或对外行人说内行话，白白浪费时间，现在也用来讥笑人说话不看对象。

羊，别看我很温柔

羊的饲养历史很长，足有五千多年。母系氏族时期，我国北方草原的原始居民就已经开始牧羊了。

羊的甲骨文写作 ⥣ 或者 ⥣，突出了长着双角的羊头形状。

"羊"字形演变

| 甲骨文 | 金文 | 隶书 | 楷书 |

小羊是"羔"，甲骨文写作 ⥣，字形表示把 ⥣（羊）放在 ⥣（火）上烤。简化后，⥣（火）写成 灬（四点底）。因为小羊的味道比较美，所以，人们用这个形状来表示小羊。

羊肉如此美味，古人造了一个"羡"，篆文

原来，"羡慕地流口水"是一句很有文化的句子呀！

写作 ，意思是望着美味的羊肉流口水，引申为因为喜爱而渴望得到的意思。

　　羊是祭祀时重要的祭品，是吉祥的象征，与牛、猪并称"三牲"。人们在羊的旁边加上"示"，成为"祥"。"示"字旁和祭祀有关系。古人认为，当社会太平安定的时候，就会有祥瑞降下。最高级别的祥瑞称作"五灵"，分别是麒麟、凤凰、龟、龙、白虎。

　　"善"的金文写作 𦎫，上面是羊的形状，代表吉祥；下面是两个 𦉬𦉬（言），表示两个人交口称赞。造字本义是吉祥美好。古代士兵出征前，经常用羊来祭祀，以祈求战争的胜利。

　　"义"的甲骨文写作 𦏞，下边是 𢧵（今"我"字），一种有利齿的武器；上边是 羊（今"羊"字）。造字本义是威仪，引申为正义。

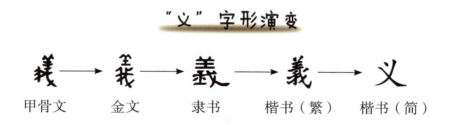

　　羊是群居动物，众多的羊聚集在一起，便成了"群"。"群"的金文写作 𦐧，上面是 𠃞（君），表示读音；下面是 羊。羊多了之后，气味便会很浓郁。甲骨文便用三只羊 𦍋 来表示羊群的膻味，这便是"羴"（shān）字，"羴"后来写作"羶""膻"。

　　"养"也和"羊"有关，它的甲骨文写作 𦍌，左边是 𠂤（羊），右边是 攴（攴），表示手持棍子。造字本义专指养羊，后来才引申为养其他动植物。

"养" 字形演变

甲骨文 → 金文 → 小篆 → 楷书（繁） → 楷书（简）

> 怪不得大家经常说"养羊""放牛"呢，我原本以为是约定俗成的，今天才知道每个汉字都大有乾坤。

> 在古代，放牛为"牧"，放羊为"养"，可不能弄混了。

历史故事

羊裘垂钓

东汉光武帝刘秀成为皇帝之前，和严光是同窗好友。刘秀平复王莽的叛乱，建立东汉后，请严光入朝为官。严光不愿意做官，改名换姓，隐居起来。

刘秀太想念好朋友了，亲自画下严光的样子，下令全国查访。后来，官府查访到富春江畔有一个渔夫，和画像上的人的样貌很像。这个渔夫每日披着羊裘（羊皮做的衣服，比较简陋）在江边垂钓，还会吟诗唱歌。

听着使者的描述，刘秀认为这个渔夫正是自己的好友严光，便派遣大臣去请他。而事实上，这个渔夫就是严光。一连请了几次，严光都不肯出山。刘秀只好亲自来请严光。刘秀到的时候，严光正躺在床上睡觉。刘秀进去喊醒了严光。严光依旧像往常那样，亲切地喊着刘秀的名字聊天。

刘秀劝严光出山帮助自己。严光拒绝了："就算是古时候唐尧那样的圣王，要给巢父、许由授予官职的时候，他们还要去洗耳朵呢。还是让我来做陛下的隐士吧！"

最后，刘秀劝不动严光，只能回宫了。

没过多久，刘秀请严光到宫里去玩，两个人像以前一样秉烛夜谈，同床而卧。严光睡熟了，竟然把脚放在刘秀的肚子上。

第二天一早，掌管星象的太史令就急匆匆来觐见，说是昨夜星象异常，有客星冲犯了帝星，怕是有事情要发生。

刘秀笑着说："不用担心，只是昨夜我的老朋友严子陵与我睡在一起罢了。"

这一次，刘秀不顾严光的反对，依旧封他做谏议大夫。严光还是不肯接受，直接辞官回富春山，身披羊裘，耕读垂钓。

历史上把这个故事称作"羊裘垂钓"。

马路和"马"有关系吗

上古时期有很多野生马群，龙山文化的早期遗址出土了不少马骨。传说，商族的部落首领相土驯化了马。

"马"的甲骨文写作 🐎，形象地突出了马鬃毛飞扬、长尾有蹄的特点。

六畜之中，马的体形最大，所以引申为"大"。金文 🐎 简化了甲骨文字形，用抽象的线条代表了复杂的甲骨文。"马"的繁体字写作"馬"，依旧保留有金文的特点。

哈哈，我终于明白了困扰我很久的一个问题：大路为什么叫作"马路"呢？马，就是大呀。

我也明白了，体积大的蜂叫马蜂，个头儿大的枣叫马枣，大的勺子叫马勺。

"马"字形演变

甲骨文 → 金文 → 隶书 → 楷书（繁） → 楷体（简）

同样是马，称呼却有很多种。身材高大的马是"骄"（篆文"骄"）；形体漂亮，擅长奔跑的马被称作"骏"（篆文"骏"）。后来，"骄"引申为骄傲，"骏"引申为才智超群的人，和"俊"的意思相同。

马身上的颜色不同，称呼也不同。青白相间的马被称作"骢"（cōng，篆文"骢"），黄白相间的马称作"骠"（biāo，篆文"骠"）。"骠"后来引申为马快跑的样子，形容勇猛。汉代设立骠（piào）骑将军，霍去病、马超等名将都曾经是骠骑将军。毛色不纯的马被称作"驳"，甲骨文写作𩧨。人们用"驳杂"这个词语来形容混杂，什么都有。

有意思的是，马的年龄不同，称呼也不一样，从小马到大马，各有各的专属称呼。如今经常使用的专属称呼"驹"，金文写作𩧨，指两岁以下的小马。有才华的少年被称作"千里驹"。

在古代，马是主要的交通工具，骑马跨出大门便是"闯"（篆文"闯"）。明末，农民起义领袖李自成就自称"闯王"。把车子套在马身上出行便是"驾"（篆文"驾"），手持鞭子督促马前进便是"驭"。人们经常把这两个字放在一起，组成"驾驭"一词。

马有时候很温驯，有时候也会受惊。马受惊后狂奔便是"惊"（篆文"惊"），嘶鸣便是"骇"（篆文"骇"）。"惊骇"两个字经常放在一起使用。马乱跑是"骛"（篆文"骛"），"心无旁骛"的意思你懂了吧？

小羊被称作"小羊羔"，小牛称作"小牛犊"，小马称作"小马驹"。这些原来都是有原因的呀！

今天又是涨知识的一天。

汉字有话说——动植物篇

成语故事

伯乐相马

传说，天上管理马匹的神仙叫伯乐。在人间，人们把精于鉴别马匹优劣的人也称为伯乐。第一个被称作伯乐的人是春秋时代的孙阳。久而久之，人们便把他原来的名字都忘记了。

有一次，伯乐受楚王的委托，购买千里马。伯乐跑了好几个国家，都没有找到中意的千里马。

在从齐国返回楚国的路上，伯乐看到一匹瘦骨嶙峋的马拉着盐车，很吃力地在陡坡上行进。马累得呼呼喘气，每迈一步都十分艰难。马见伯乐走近，突然昂起头来瞪大眼睛，大声嘶鸣，好像要对伯乐倾诉什么。伯乐立刻判断出这是一匹难得的骏马，决定买下这匹马。

马主人好心提醒他，这匹马拉车都走不动，买走了也没什么用。伯乐笑着摇摇头，说："这匹马应该驰骋在战场上，而不是用来拉车。"

说着，伯乐掏出重金。马主人认为伯乐是个大傻瓜，毫不犹豫地同意了。伯乐牵走了这匹马，直奔楚国，来到楚王宫，把它献给了楚王。

楚王一见这匹马瘦得不成样子，认为伯乐愚弄他，很不高兴。

伯乐说："这确实是一匹千里马。只要精心喂养，不出半个月，一定会恢复体力。"

楚王将信将疑，命马夫尽心尽力把马喂好。果然，半个月后，马变得精壮神骏。楚王跨马扬鞭，只觉两耳生风，一会儿工夫就跑到百里之外。

后来，这匹千里马为楚王驰骋沙场立下不少功劳。楚王对伯乐更加敬重了。这个故事演变为成语"伯乐相马"，比喻善于识别人才，荐举人才。

汗血宝马真的存在吗

在历史故事中，我们经常可以看到汗血宝马"日行千里，夜行八百"的故事。那么，汗血宝马真的存在吗？

其实，世界上真的有汗血宝马，它的学名叫阿哈尔捷金马，原产于土库曼斯坦。全世界汗血宝马的数量非常稀少，每一匹的价格都非常昂贵，被土库曼斯坦视为国宝。

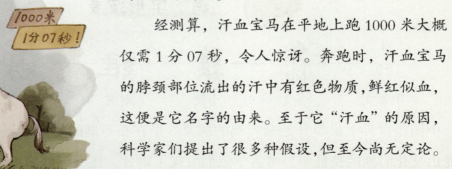

经测算，汗血宝马在平地上跑1000米大概仅需1分07秒，令人惊讶。奔跑时，汗血宝马的脖颈部位流出的汗中有红色物质，鲜红似血，这便是它名字的由来。至于它"汗血"的原因，科学家们提出了很多种假设，但至今尚无定论。

先有鸡，还是先有蛋

先有鸡，还是先有蛋？其实，在回答这个难题之前，还有另外一个问题：鸡，是家禽，还是鸟？

"鸡"的甲骨文写作 🐓，很像是一只昂着脖子准备啼鸣的大公鸡。"鸡"字从鸟，表明鸡是从鸟类驯化而来的，后来才成为家禽。金文写作 🐓，突出了鸡冠的形状。篆文中，"鸡"有两种字形：鷄或者雞。鳥（鸟）和隹（隹）都是"鸟"的意思，简化后，统一写作"鸟"，又把左边字形复杂的 奚（奚）写作"又"，于是有了今天的"鸡"字。

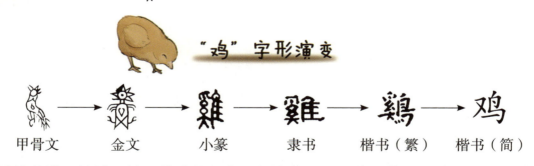

"鸡"字形演变

甲骨文 → 金文 → 小篆 → 隶书 → 楷书（繁）→ 楷书（简）

中国是世界上最早开始驯养鸡的国家。早在新石器时代，黄河流域就发现了鸡的踪迹。在龙山文化时期的遗址中，考古学家们发现了鸡骨，还有一些陶鸡。东周战国时期，周王还

设有鸡人官，专司祭祀。

农历新年的第一天，也就是正月初一，又称作"鸡日"，也就是鸡的生日。为什么有这种说法呢？传说女娲造物的时候，从初一到初七分别造出鸡、狗、猪、羊、牛、马、人。于是，人们就把这几天分别定为鸡日、狗日、猪日、羊日、牛日、马日和人日。古人认为，最珍贵的人诞生在初七，并且前面六个生物是人类的"六畜"。

烤鸡腿呀，我最喜欢吃……

啊？！

老师说你今天读书不认真，让你把"鸡"的甲骨文写十遍。

古诗词中，有很多关于"人日"的诗词。具有代表性的是隋朝诗人薛道衡的《人日思归》：入春才七日，离家已二年。人归落雁后，思发在花前。

成语故事

闻鸡起舞

东晋的祖逖（tì）小时候很贪玩。他长大后，想要报效国家，便开始发奋读书，刻苦习武。后来，祖逖和幼时好友刘琨一起担任司州主簿。他们都有着远大的理想，感情深厚，经常同床而卧，同被而眠。

一天半夜，祖逖听到公鸡在叫，便喊醒刘琨，建议每天鸡叫之后起来练剑。刘琨欣然同意。

于是，每天鸡叫之后，两个人就起床练剑，白天攻读兵书，从不间断。经过长期刻苦的学习和训练，他们终于成为能文能武的优秀人才，被封为将军，实现了报效国家的愿望。

《晋书》和《资治通鉴》都记载了这个故事，成语"闻鸡起舞"就出自这个故事。它指听到鸡叫声后，就起床练武，用来形容有志气的人发奋努力。

兽类

世界上真的有龙吗

龙是中华民族的图腾，是一种存在于传说中的神兽。

"龙"的甲骨文写作，像是一个长着角、大口、长身子、蜷着身体的动物形象。

"龙"字形演变

甲骨文 —→ 小篆 —→ 隶书 —→ 楷书（繁） —→ 楷书（简）

人们常常用"龙潭虎穴"来比喻极其凶险的地方，用"龙肝凤髓"来指珍贵的食物。

后来，"龙"引申为皇帝、皇权的象征，古时候的皇帝往往自称"真龙天子"。

"凤"也是一种传说中的神兽，甲骨文写作，像是一只羽毛华美的大鸟。篆文写作，字形依旧很复杂。

望子成龙！

望女成凤！

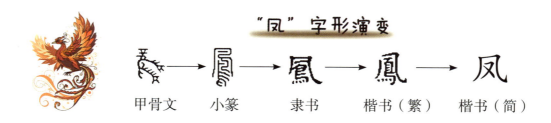

"凤"字形演变

甲骨文　　小篆　　隶书　　楷书（繁）　楷书（简）

传说，龙为兽中之王，凤为鸟中之王，都是难得一见的珍禽异兽。"龙"和"凤"都可以引申为杰出的人才。

"法"字也和神兽有关，金文写作 。这个造字体现出古人的智慧。 （去）像是一个准备离开的人； 是水，古人认为，水是万物中最能持平的，在这里表示"公平"； 是一种叫作"獬豸（xiè zhì）"的神兽，又叫作独角兽，能够辨别是非曲直，攻击有罪的人。"法"的造字本义是刑法，泛指法律。

"法"字形演变

金文　　隶书　　楷书

传说，帝尧的刑官皋陶就曾经饲养过一只獬豸，遇到决断不了的事情，他就向獬豸寻求帮助，獬豸会用自己头上的角把做错的那个人撞倒。

后世的执法部门都会在大门上或者是大堂上摆上獬豸的画像，代表公正廉明。秦代的执法御史头上还戴着帽子——獬豸冠。到了清代，御史和按察使等监察司法官员都一律戴獬豸冠，穿绣有獬豸图案的官服。

画龙点睛

南北朝时期，梁国画家张僧繇（yóu）画龙画得特别传神。

有一年，张僧繇奉命在金陵（今江苏南京）安乐寺壁上画了四条白龙。这四条龙惟妙惟肖，就像是活的一样。人们慕名到寺中去欣赏，并对张僧繇的绘画水平赞叹不已。美中不足的是，这四条龙都没有眼睛。

人们纷纷请求张僧繇把眼睛添上，让龙更有神。张僧繇却笑着摇头说，给龙添上眼睛不难，可是一旦画了眼睛，这四条龙就要飞走了。

大家都以为张僧繇在开玩笑，画出来的龙怎么可能会飞呢？张僧繇无奈，只好答应先给其中两条龙画上眼睛。他当着众人的面，提起笔，轻轻地给其中两条龙点上眼睛。刚刚点完眼睛，神奇的事情发生了：天空突然乌云密布，紧接着电闪雷鸣，大雨倾盆而下，那两条龙竟然从墙壁上腾空而起，在寺庙上空盘旋几圈，消失在云层中。人们都惊得目瞪口呆。不一会儿，天晴了，大家再看向墙壁，只剩下两条没有点眼睛的龙。

这个故事后来演变为成语"画龙点睛"，比喻写作文或者说话时在关键地方加上精辟的语句，使文章更加生动传神。

你所不知道的野兽

"兽"的甲骨文写作🔹，左边是🔹（单），古代的一种武器；右边是🔹（犬），字形表示手持武器，带着猎犬去捕猎。造字本义是狩猎的对象，禽兽的统称。造字本义消失后，人们又造了一个"狩"来表示狩猎。

"兽"字形演变

甲骨文　　金文　　隶书　　楷书（繁）　楷书（简）

远古时期，大地上遍布各种野兽。周武王灭商后，曾经组织军队把那些大型的野兽如象、虎、豹等赶出了中原。

象是陆地上现存最大的哺乳动物，"象"的甲骨文写作🐘，是一只长鼻子大象的形状。金文🐘更是直接描绘出了大象的形状。河南省的简称是"豫"，"豫"字从象，说明河南曾经是象群出没的地方。

"象"字形演变

$$\text{甲骨文} \rightarrow \text{金文} \rightarrow \text{小篆} \rightarrow \text{隶书} \rightarrow \text{楷书}$$

大象还可以帮助人们耕种，称作"象耕"。如今云南某些地方还保留着象耕的痕迹。手牵着大象去劳作就是"为"，甲骨文写作 或者 。

"能"原本指一种像熊的野兽，甲骨文写作 。金文 突出了熊大口、利齿、利爪的特征。篆文的字形开始变形，看不出动物特征了。因为熊强壮有力量，所以"能"引申为有能力的，如"能干"。周文王就曾经梦见飞熊入怀，于是他寻访贤能，遇到了姜子牙。

"能"字形演变

$$\text{甲骨文} \rightarrow \text{金文} \rightarrow \text{小篆} \rightarrow \text{楷书}$$

"虎"的甲骨文写作 ，是一只猛兽的形状。老虎身上的斑纹，便是 （金文，"彪"），

左边是 （虎），右边的 彡（彡）指花纹，后来引申为有文采、身材魁梧等。

老虎狂暴起来，会伤人，这便是"虐"。"虐"的甲骨文写作 ，左边是一个人 的形状，右边是张着大口的老虎形状，像老虎伤人，造字本义为狂暴、残害、残暴。

再来看一只美丽的小动物吧。

、 、 （甲骨文），通过漂亮的角，我们很容易猜出来这是"鹿"。鹿都是成群生活的，鹿群跑过的地方，脚下会扬起尘土，这便是 （尘）。

"丽"的甲骨文写作 ，突出了 （鹿）头上有一对美丽的鹿角 。凡是和"丽"相关的词语都有"美丽"的意思，如"壮丽""华丽"。

> 暴虐，虐待，助纣为虐，虐政……哇，这些词语都好可怕。我们还是不要乱发脾气了，不然就要像凶老虎一样了。

成语故事

盲人摸象

从前，有一位国王特别喜欢大象，养了很多大象。有一天，国王坐在大象身上，出城去游玩，看到路边坐着一群盲人，正在晒太阳。国王玩心大起，命人召集盲人过来，问他们："你们见过大象吗？知道大象是什么样子吗？"

盲人们摇摇头，纷纷表示没有见过。国王说："你们面前就有一头大象，我允许你们亲手摸一摸，然后向我报告。能够准确说出大象模样的人，就会得到重赏。"盲人们被卫兵引领着走到大象身边，认真地摸了起来。

过了一会儿，国王说："可以了。现在开始说吧。"

一个盲人摸到了大象的身体，说："大王，这大象又厚又大，就像一堵墙。"摸到象腿的盲人反驳他："你说得不对，大象明明就和柱子一样，又圆又粗。"摸到象鼻子的盲人说："你们都说错了，大象又粗又长，就像长杆一样。"摸到象尾的盲人说："大象明明像一条细细的绳子。"

几个盲人争执不休，都说自己是正确的。

国王哈哈大笑，说道："你们都说错了。"

说完，国王让卫兵们领着几个盲人，把大象从头摸到尾。盲人们这才感慨地说："原来大象是长这个样子呀。"

这个故事后来被浓缩为成语"盲人摸象",用来比喻对事物了解不全面,以偏概全,乱加揣测。

为什么把"熊"叫作"熊瞎子"

趣味知识卡

熊看起来笨头笨脑的,但其实是一种非常聪明的动物。它不仅善于游泳和奔跑,还是出色的爬树能手。那么,为什么要把"熊"叫作熊瞎子呢?这是因为,熊是一种比较懒的动物,它从来不主动寻找猎物,只靠偶然发现来觅食,而且,它的视力很差。

秋天,黑熊每天用20个小时不停地吃,一连吃一个月,然后冬眠,足足睡四五个月,既不喝水也不吃食。但奇怪的是,它的体温却几乎保持不变,也从不排泄,只消耗脂肪和水。因此,冬眠结束后,熊依然浑身是劲,行动自如。

别冤枉了兔子

兔子是一种可爱的小动物。

"兔"的甲骨文写作🐰，像是一只张着嘴巴、长耳短尾的小动物形象。传说月亮中生活着玉兔，所以，人们又用"玉兔"指代月亮。苏轼在《八月十五日看潮五绝》一诗中写道："定知玉兔十分圆，化作霜风九月寒。"诗中的"玉兔"指的就是月亮。

"兔"字形演变

甲骨文 ⟶ 金文 ⟶ 小篆 ⟶ 隶书 ⟶ 楷书

"逸"和"冤"这两个字和兔子有关。

"逸"的甲骨文写作🐰，字形像兔子逃跑，造字本义是逃走、奔跑，引申为隐居、闲适。

兔子落入网中，不能自由活动，便成了"冤"。"冤"的篆文写作🐰，表示兔子🐰蜷缩在冖下，造字本义指屈

逸 = 🐰

冤 = 🐰 🐰 + 冖

缩而不能伸展，引申为屈枉。

"兔"和"免"这两个字的字形非常接近，但其实，这两个字一点关系都没有。"免"的甲骨文写作🐰，金文写作🐰，都是一个人头戴帽子的形象，是"冕"的本字。

"鼠"的甲骨文写作🐭、🐭表示被老鼠啮（niè）碎的物屑。你看，古人观察生活多么认真。金文🐭进一步变形，突出鼠的利齿🐭、爪子🐭、长尾🐭。篆文🐭承续金文字形，后简化为"鼠"。

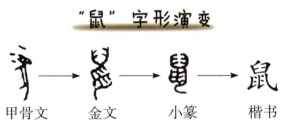

"鼠"字形演变

甲骨文 → 金文 → 小篆 → 楷书

成语故事

狡兔三窟

春秋战国时期，齐国孟尝君养了很多门客。其中，有一个门客叫冯谖（xuān）。冯谖每日什么也不做，还要求孟尝君用好酒好菜招待他。孟尝君却毫无怨言，始终对冯谖毕恭毕敬。

有一次，冯谖主动要求替孟尝君到薛地去收债。薛地是孟尝君的封地。冯谖到了封地以后，吩咐地方官召集百姓，把他们手中的债契收上来。等债契都收上来后，冯谖命人把所有的债契都烧了。百姓们目瞪口呆，不知所措。这时候，冯谖才宣布这是孟尝君感念薛地百姓的情谊，决定免除百姓的债契。薛地百姓们信以为真，对孟尝君很是感激。

冯谖回来后，告诉孟尝君自己替他买回了"义"。可是，很多门客在孟尝君前面批评他。孟尝君虽然生气，但也没有多说什么，只是慢慢和冯谖疏远了。后来，孟尝君被免去相国的职务，回到薛地。薛地的百姓扶老携幼，夹道欢迎。孟尝君这才知道冯谖的用意。

这时，冯谖对孟尝君说："聪明的兔子都有三个洞穴，才能在紧要关头逃过猎人的追捕。现在，您只有一个洞穴，还不能高枕无忧。"于是，冯谖去拜见梁惠王，在梁惠王面前极力称赞孟尝君的才能。梁惠王很高兴，邀请孟尝君去梁国。可是，梁国的使者一连来了三四次，孟尝君都不同意。齐王得知这个消息，担心孟尝君真的去了梁国，便急忙把孟尝君请了回去。孟尝君按照冯谖的指点，向齐王提出条件，希望能够在薛地建一座祠庙，把齐国祖传的祭器供奉起来。这一切事情做完后，冯谖对孟尝君说："公子，您的三个洞穴已经建好。从此，您便可以高枕无忧了。"

这个故事被总结为成语"狡兔三窟"，原本指狡猾的兔子会准备好几个藏身的窝，现在用来比喻隐蔽的地方或方法多。

这些字也和动物有关

有一些看起来和动物无关的字，其实都和动物有着莫大的关系，比如"敬"。

"敬"的金文写作㪣，左边是口凵，表示说话；右边像是一个头上长着两只耳朵Y的动物在蹲坐卩；字形像是一只动物蹲坐在地上，认真地听主人的训话。有的金文㪣加攴（攴），表示拿着小棍子使动物更加听话。

这样可以让你更听话。

安安，你拿着棍子追我干什么？

"敢"和"赶"也和动物有关。

"敢"的金文写作𢼨，字形像是一上一下两只手，手中拿着小棍子和罩网在捕猎。造字本义是勇敢进取。"敢为人先"就是有勇气做别人没有做过的事情。

"赶"的篆文写作𧼪，左边是𧾷（走），逃跑的意思；右边是𢆉（干），不仅表示武器，还可以表示读音。字形像是在武器的驱逐下，兽类翘着尾巴跑。"赶"引申为追赶、驱赶，如"赶上部队""赶羊"；还可以引申为去、到，"赶集"就是去集市上，"赶考"就是去考试，"赶海"就是去海边。

大炮，是一种强有力的武器。但是，"炮"字和武器可是没有一点儿关系哟！"炮"的篆文写作炮，左边是火（火），表示和火有关；右边是包（包），既可以表示读音，又可以表示包起来。"炮"指古代的一种烹饪方法，把小鸟或者兽类用泥巴包裹后放在火上烧烤。

"角"的甲骨文写作𧺤或𧺤，字形像是兽角的形状。造字本义是兽角。古时候，兽角的用处很大，可以制成"号角"；可以制成弓，称作"角弓"；可以制作成酒杯，称作"角杯"。

号角

角弓

角杯

"角"字形演变

甲骨文 → 金文 → 小篆 → 隶书 → 楷书

"皮"的甲骨文写作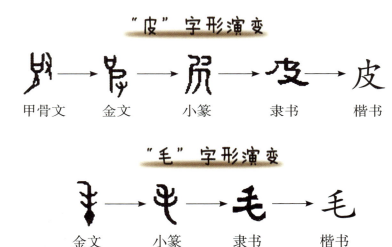，右边是一只手的形状，左边像是一个人或者动物坐在地上大声哭号；字形表示手持工具剥去兽皮。造字本义指剥去兽皮。后来，"皮"的造字本义消失，引申为兽皮，后指物体外面包裹的一层东西，如"封皮"。

"毛"的金文写作，是毛发或者兽毛的形状。造字本义是兽毛，引申为毛发或者羽毛。"毛"在成语中经常出现，荒凉的土地是"不毛之地"，很吝啬是"一毛不拔"，数量微不足道是"九牛一毛"，很珍贵的东西被称作"凤毛麟角"。

"皮"字形演变

甲骨文　金文　小篆　隶书　楷书

"毛"字形演变

金文　小篆　隶书　楷书

成语故事

一毛不拔

墨子是春秋战国时期的大思想家，墨家学派创始人。他主张兼爱，反对战争。兼爱的意思就是不论等级和地位，一视同仁地去爱身边的人。同一时期，还有一位叫杨朱的哲学家，他反对墨子的兼爱，主张一个人的自身才是最宝贵的，是一个以自我为中心的人。

　　有一次，墨子的学生禽滑厘问杨朱："如果拔下你身上一根汗毛，能使天下人得到好处，你拔不拔？"

　　杨朱回答："天下人的问题，绝不是拔一根汗毛所能解决得了的！"

　　禽滑厘又说："假使能的话，你愿意吗？"

　　杨朱用沉默表示不愿意。

　　孟子就此事对杨朱和墨子作了评论：杨朱主张的是"为我"，即使拔下他身上一根汗毛，能使天下人得利，他也是不干的。而墨子主张"兼爱"，提倡爱世上所有的人，即使自己磨光了头顶，走破了脚板，只要对天下人有利，他也是心甘情愿的。

　　后来，人们就把杨朱的学说概括为成语"一毛不拔"，意思是连一根汗毛也不肯拔出来。原指杨朱的极端为我主义，后来形容为人非常吝啬自私。

鸟虫鱼

"鸟"和"乌"，傻傻分不清楚

上古时期，人们靠狩猎和采集浆果为生。除了野兽，人们还经常捕捉飞鸟作为食物，由此产生了很多和鸟儿相关的字。

"鸟"的甲骨文写作 ，像是一只长尾巴的飞禽。有的甲骨文 更是画出了鸟儿全身的羽毛。金文 、篆文 淡化鸟喙形象，并将鸟儿的爪形简化成"匕"。隶书 变形较大，将尾羽与鸟爪合写成 …… （四点底），导致羽毛和爪子的形象消失。

鸟类发出鸣叫靠什么？靠嘴。聪明的先人们

现在，捕捉野生动物是犯法的。

"鸟"字形演变

| 甲骨文 | 金文 | 小篆 | 隶书 | 楷书（繁） | 楷书（简） |

幸好现在用的是简化字，不然我作文都写不完。

栩栩如生的甲骨文字形体现了古人对自然的细心观察，更体现了古人的智慧。真是了不起！

在"鸟"字旁边加上（口），就是（鸣），造字本义指鸟叫，后来引申为昆虫或者兽类叫。

"乌"的甲骨文和金文字形与"鸟"字的字形相似，只不过淡化了眼睛的形状。造字本义是乌鸦。乌鸦通体黑色，很难辨识出黑色的眼睛，"乌"的篆文干脆把表示眼睛的指示符号·省去。"乌"引申为黑色，"乌发"就是黑色的头发。传说太阳上生活着三只脚的金色乌鸦，所以，人们又把太阳称作"金乌"。

"不"的甲骨文写作，字形像是一只鸟儿在天上飞，下面三条曲线就好像是鸟的尾巴，

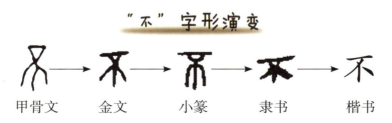

"不"字形演变

甲骨文　金文　小篆　隶书　楷书

上面的一横表示天。后来，人们造了"飞"字来表示鸟儿飞翔。"飞"的篆文写作 飛，像是鸟儿张开双翅在飞翔。简化后，字形只保留了一侧的翅膀，写作"飞"。

"羽"的甲骨文写作 彗，造字本义指鸟翅上最长的毛，泛指鸟类羽毛，引申为鸟类的翅膀。"翅"的篆文 翅 是在"羽"的篆文 羽 的左边加上 支（"支"），"支"表示读音。"爪"是一个象形字，甲骨文写作 E，字形像是鸟爪子，造字本义指鸟兽的脚趾，后来引申为动物的脚。"张牙舞爪"就是形容野兽凶猛的样子，现多比喻敌人或坏人猖狂凶恶的样子。

有借有还，
再借不难

"爪"字形演变

E → 爪 → 爪 → 爪 → 爪

甲骨文　　金文　　小篆　　隶书　　楷书

成语故事

笨鸟先飞

东汉时期，有一个叫乐羊子的贤士，娶了一位聪明的女子做妻子。

妻子对他说："你不是聪明的人，要笨鸟先飞，去学习知识吧。"乐羊子就出外求学

去了。

　　一年后，乐羊子因为思念妻子而偷偷返回家中。妻子把他领到织机旁说："这布是一寸寸、一尺尺织出来的，日积月累才能成丈、成匹。如果我 把它剪断，就前功尽弃了。求学也和织布一样，不能在学到一半的时候放弃。"

　　乐羊子深受启发，又继续外出求学，七年都没有回家，终于成为大学问家。

　　这个故事后来浓缩为成语"笨鸟先飞"，意思是说行动笨拙的鸟要先飞，用来比喻能力差的人做事时恐怕落后，比别人先行动（多用作谦辞）。

趣味知识卡

官服上的鸟兽

古代官员衣服上的花纹是有严格限制的。团龙只有皇室才能用，而官员按照品阶的不同，衣服上的图案也不一样。

清朝时期，禽鸟图案属文官，猛兽图案属武官。文官一品补服图案为"鹤"，二品为"锦鸡"，三品为"孔雀"，四品为"雁"，五品为"白鹇（xián）"，六品为"鹭鸶"，七品为"鸂鶒（xī chì）"，八品为"鹌鹑"，九品为"练雀"。

武官一品补服图案为"麒麟"，二品为"狮"，三品为"豹"，四品为"虎"，五品为"熊"，六品为"彪"，七品八品为"犀牛"，九品为"海马"。有些图案存在争议，学者也有不同观点。

此外，监察官员如都御史、按察使等，不分级别，一律用"獬豸"（传说中能主持公道的一种独角兽）。

人们看到这个官员穿的什么衣服，就可以知道他的品阶，也可以知道他是文官还是武官了。

"隹"是什么鸟儿

汉字中，和鸟相关的字，有些从鸟，有些从隹（zhuī）。其实，鸟就是隹，隹就是鸟。

"隹"的甲骨文写作&，也是鸟的形状。和"鸟"的甲骨文&相比，&（隹）的尾巴更短，字形更加简单。鸟指长尾巴鸟，隹指短尾巴鸟（《说文解字》）。

鸟儿种类很多，古代要想完全识别一种鸟儿是一件很困难的事情，出声询问鸟儿的品种便是"谁"。"谁"的金文写作&，左边是&（言），表示出声询问；右边是&（隹），是一只鸟儿的形状。

"隹"字形演变

甲骨文　　金文　　隶书　　楷书

哈哈，这个可太有意思了。"你是谁"原来是问"你是什么鸟儿"。

"谁"这个字，现在的意思已经不是在问鸟了。我们也要与时俱进。

"雌雄"这两个字，原本也是用来形容鸟儿的。

"雌"的金文写作 ，左边是 （此），表示读音；右边是 （隹）。造字本义是母鸟。

"雄"的篆文写作 ，左边是 （厷），表示读音；右边是 （隹）。造字本义是公鸟。

鸟儿落在树上便是"集"。"集"的甲骨文写作 ，上面是鸟的形状 ，下面是 （木）。金文字形 用 （三个隹）来表示群鸟。

类似的字还有"噪"。"噪"的金文写作 ，上面用三个 （口）来表示众鸟鸣叫，下面是 （木），字形表示群鸟落在树上，发出很大的声音。造字本义是众鸟在树上鸣叫。

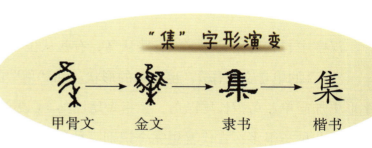

"集"字形演变

甲骨文　　金文　　隶书　　楷书

"霍"的甲骨文写作 ，字形表示鸟群 在雨 中飞翔，造字本义是鸟儿在雨中飞翔的声音和样子。后来，"霍"的本义消失，假借为姓。金文 将甲骨文字形中的 （三只鸟）减为 （两只鸟）。隶书 又减少为 （一只鸟），成为今天的字形。

"霍"字形演变

甲骨文　　金文　　隶书　　楷书

捉鸟那些字

古时候，鸟类繁多，而人们的食物比较匮乏，鸟儿便成了人们餐桌上的一道美味佳肴，由此衍生了很多和捉鸟相关的字。

"只"的甲骨文写作，上面是鸟的形状，下面是手的形状（又），字形表示抓到了一只鸟。造字本义是一只鸟，后来才引申为量词。在演变过程中，鸟形简写成隹（佳），字形就成了"隻"。"隻"是"只"字的繁体字。

如果抓到了两只鸟，那便是"双"。"双"的篆文写作，上面是两只鸟，下面是手的形状（又）。鸟儿被捉被追赶，便会向前飞，这便是"进"，甲骨文写作，上面是鸟儿的形状，下面是（止），脚步的意

古人用手就能捉到鸟？难道他们个个都是武林高手？

我猜是因为是古代物产资源丰富，各种动物比较多。我们要爱护小鸟，保护小鸟。

思。有意思的是，鸟脚只能前进，不能后退，"进"的造字本义便是前进。

古人用衣服也能捉鸟，这便是"奋"。"奋"的金文写作 🐦，是由 🈯（衣，服装）和 🈂（隹，鸟雀）以及 🈲（田，田野）构成的，字形表示田野中的鸟雀振羽展翅。"振奋"原指鸟儿扑腾着翅膀努力地飞。

"奋"字形演变

金文　　　隶书　　　楷书（繁）　　楷书（简）

"夺"字也和鸟有关。"夺"的金文写作 🐥，是由 🈸（衣）和 🈴（雀）以及 🈵（又）构成的，字形表示一只展翅欲飞的鸟眼看就要从手中丧失，造字本义是丧失，引申为强取、抢夺。

"夺"字形演变

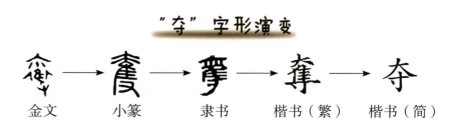

金文　　　小篆　　　隶书　　　楷书（繁）　　楷书（简）

鸟儿飞得太高，无法徒手捕捉，就需要一些武器了，拿弓箭射下鸟儿便是"隽"，篆文写作 🐦，上面是 🈶（隹），表示鸟儿；下面是 🈷，表示弓。造字本义是鸟肉肥美，味道好，引申为意味深长，如"隽永"。

古人捉鸟时，还会使用一些工具，比如"网"。"网"的甲骨文有好几种写法：𓈙、𓈚、𓈛、𓈜，都是中间有小孔的网的形状。造字本义是可以捕鱼、捕鸟、捕兽的网，引申为像网一样的东西，如"网袋""法网""天网"。

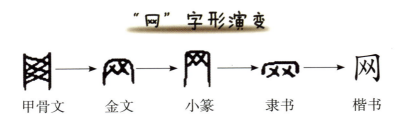

"网"字形演变

甲骨文 → 金文 → 小篆 → 隶书 → 楷书

 成语故事

网开三面

夏朝末年，黄河流域有一个商部落，首领叫汤。汤施行仁政，关心部落成员疾苦。

一次，汤带着侍从路过一片树林，看到一个捕鸟人在林子四周都布上了网。

汤看到后，叹了口气，对捕鸟人说："你这样做未免太残忍了一点，四面都张了网，那鸟儿也将全部被你捉光。你应该网开三面，只在林子的一面张网就行了。"

捕鸟人犹犹豫豫地问："大首领，只有一面网，怎么能捕到鸟儿呢？"

汤说："可以捕到的。"然后，汤把如何祷告告诉了捕鸟人。

捕鸟人半信半疑，祷告说："鸟儿呀，你们愿意往东飞的就往东飞吧，愿意往西飞的就往西飞吧，愿意往南飞的就往南飞吧。我在北面张了网，实在不想活的，就飞到我的网里来吧。"

捕鸟人收网的时候，北面的网中果然捕获了一些鸟儿，刚刚够他生活。

汤劝捕鸟人网开三面的事很快传开了，附近的部落首领听到后，纷纷说："汤真是一位仁慈之主，他对鸟儿都这么仁慈，对人一定更仁慈了。我们应该拥戴他为我们的领袖！"于是，附近部落纷纷归顺汤。

后来，汤看到夏桀越来越残暴，人们生活得越来越痛苦，便联合天下的部落，一起发兵，灭掉了夏朝，建立了商朝。汤成为商朝的第一位君主。

成语"网开三面"就是源自这个故事，意思是把捕鸟的网撤去三面，比喻采取宽大态度，给人一条出路。由这个成语又引申出成语"网开一面"，两个成语的意思相同，都是形容采取宽大的态度，给人留下出路。

这些字竟然都与鸟儿有关

　　有一些字看起来和鸟儿无关，但其实都是指鸟儿，比如"难"。"难"的金文写作𩆜，左边是𦰩，表示读音；右边是隹（佳），表示"鸟"。造字本义是一种大鸟，后来假借为困难。"千难万险"用来形容困难和危险极多。

　　"旧"的造字本义也和鸟儿有关，金文写作𦆙，上面是猫头鹰的形状𦫳，下面的𦥑（臼）表示读音，造字本义是猫头鹰。

"观"的金文写作 𦏵，左边是 𦏵（雚），是长着两只大眼睛的大鸟形状，还可以表示读音；右边是 𢖻（见），表示观看。造字本义是仔细查看，引申为观看。"坐井观天"形容坐在井底看天，比喻眼界狭小，见识有限。

"观"字形演变

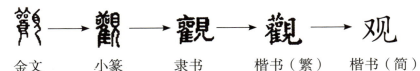

| 金文 | 小篆 | 隶书 | 楷书（繁） | 楷书（简） |

学习了这些与鸟儿有关的字，我感觉自己离知识的天空又近了一步。

成语故事

走马观花

唐朝有一个著名的诗人叫孟郊。

孟郊小时候家里很穷，但他很有才华，学习也非常刻苦。长大后，虽然孟郊的诗写得很

好，但是没有权贵推荐，他屡试不中。

孟郊 46 岁终于考中进士，非常高兴，便穿上新衣，骑上马，在当时的京城长安尽情地游玩。玩到高兴时，他写了《登科后》这首诗：

昔日龌龊不足夸，今朝放荡思无涯。

春风得意马蹄疾，一日看尽长安花。

成语"走马观花"便由此而来。"观"是观看的意思，"走马观花"是指骑在奔跑的马上看花。原意是形容事情如意，心情愉快。但是在后世的流传过程中，成语的含义却发生了改变，变成了一个贬义词，现在多指不够细心，只是粗略地观察事物。

"学"和"习"原来不一样

我们总是把"学"和"习"放在一起来使用，但其实，这两个字的含义是不一样的。这要从这两个字的初文说起。

"习"的甲骨文写作 ，像是小鸟在晴天里练习飞翔。 是晴日， 是羽毛，代指翅膀。造字本义指鸟儿反复练习飞翔，引申为学习、练习。

"习"字形演变

甲骨文 —— 金文 —— 小篆 —— 隶书 —— 楷书（繁） —— 楷书（简）

"学"的甲骨文写作 ，上面是双手捧着 的形状， 代表知识；下面是房屋的形状 ，字形表示接受新知识，也就是学习。金文 加 （子，小孩子），强调了学习的主体是小孩子。

可见，"学"和"习"是不一样的，"学"侧重于接受新知识，"习"则侧重于反复练习。

孔子说过一句话："学而时习之，不亦说乎？""习"在这里的意思是练习，是运用。

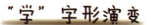

"学" 字形演变

甲骨文　　金文　　小篆　　隶书　　楷书（繁）　楷书（简）

掌握了新知识，一定记得运用哟。学以致用才能牢固掌握。

掌握的知识是"学问"，学问多了就是"博学多才"，传授知识的地方便是学校。

如今，大学是接受知识的高等学府，那么，古代有大学吗？有的。东汉的《白虎通·辟雍》就有记载："十五成童明志，入大学，学经术。"意思是，男孩子在 15 岁时就可以开始学习更高深的学问了。当然，当时的大学和我们现代的大学不一样，它是传播和整理知识的机构。

历史故事

造父学御

周朝的造父特别会驾驶马车。造父刚学习驾马车的时候，他的老师泰豆氏三年都不曾教授他技术，每日里只让他做一些杂事。造父不仅没有怨言，反而对老师越发恭敬。

泰豆氏很满意，对造父说，驾马车首先需要情绪稳定，造父能够三年冷静无怨言，已经可以开始学习驾马车了。造父先从基本功开始练习。泰豆氏在地上竖起一根根木桩，木桩之间的间距都不一样。造父需要一口气快速跑过木桩不跌落。

三天后，造父来拜见泰豆氏，说自己已经掌握要领了。泰豆氏不相信，他说："我的弟子中，最快掌握这项技能也需要三个月，你怎么可能三天便掌握呢？"

到了练习场，泰豆氏看到造父好像一只燕子，从木桩上翩然而过，不仅速度快，而且姿势优美。泰豆氏看得目瞪口呆，称赞造父是学驾马车的天才。

紧接着，泰豆氏又让造父练习如何挑选脚力相近的马匹。只有脚力相近的马匹，才能保证马车平稳前进。造父又很快掌握了这项本领。

泰豆氏提高了难度，在路上立满了木桩，大小刚刚够车轮驶过。造父只有完美地控制马车的速度和方向，才能够安然通过。最初，造父驾车通过这些木桩的时候，经常被摔得鼻青脸肿。但他没有放弃，每日抓紧练习，总结经验，过了一段时间，便可以轻松地驾着马车穿过这些木桩了。

泰豆氏看到造父的进步，非常欣慰，笑着说："我的本领已经全部教给你了，你可以出师了！"

人们把这个故事称作"造父学御"。"学"就是学习；"御"则是驾马车的意思。

趣味知识卡

《传习录》

《传习录》是一本哲学著作，作者是中国明代哲学家王守仁，世称阳明先生。这本书是王阳明讲学论道的专著，由他的门生弟子辑录。《传习录》不仅在当时有很大影响，甚至在今天，在汉语文化圈乃至世界范围内仍有广泛影响。

这本书的名称来自《论语》。《论语》中有句话："传不习乎？"意思是：传授的学业是否不曾复习？"传习"的意思是不仅要学习，而且要经常复习。

"虫""它"都是蛇

"虫""它"基本同源，都是"蛇"的本字，后来才分化成不同的字形。"虫"的造字本义是一切动物的总称，古时，兽身上有毛，叫毛虫；鸟儿身上有羽毛，叫羽虫；鱼儿身上有鳞片，叫鳞虫；龟鳖身上有甲壳，叫甲虫，也叫介虫；只有人身上什么也没有，叫裸虫。

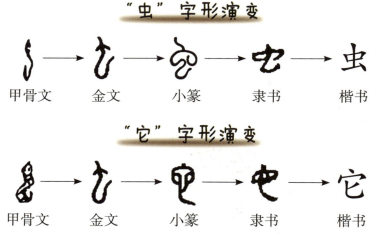

"虫"字形演变

甲骨文 → 金文 → 小篆 → 隶书 → 楷书

"它"字形演变

甲骨文 → 金文 → 小篆 → 隶书 → 楷书

怪不得人们把老虎叫"大虫"呢。

还有蛇，蛇叫"长虫"。

现在，"虫"的字义范围缩小，主要指昆虫。如今，这两个字的区别已经很明显了。人们在"虫"旁加上"它"，变成了"蛇"字。"它"是代词，称人以外的事物。"他"同样也是代词，代指人。还有一个常用的代词"她"，"她"出现较晚，和"虫"字就没有关系了。

"池"也和虫有关。"池"的金文写作 ，是由 （水）和 （它，泛指野生动物）构成的，表示生活着野生动物的水源。造字本义是池塘。

在古代，"池"还指护城河。有一个成语叫作"城门失火，殃及池鱼"。城门失火，怎么会殃及池塘里的鱼呢？其实，这里的"池"指的是护城河。城门失火，人们自然要从护城河里打水救火。那么，生活在护城河里的鱼儿便会无辜受到牵连而遭殃。

孙叔敖杀两头蛇

春秋时期，楚国有一个叫孙叔敖的孩子，既聪明又善良。

有一次，孙叔敖去郊外的树林中游玩。忽然，他看到一条奇怪的蛇。这条蛇长着并列的两个头，却只有一个身体。传说，见到双头蛇的人一定会死去。孙叔敖虽然很害怕，但还是把这条蛇杀掉埋了。

然后，孙叔敖哭着回家，和母亲告别，说自己要死了。母亲吃了一惊，询问原因。孙叔敖把自己见到双头蛇的事情告诉了母亲。母亲又问他，双头蛇现在在什么地方。孙叔敖回答说："我害怕别人又见到这条蛇，已经把它杀了埋了。"母亲安慰他："我听说暗中做好事的人，上天会给他福气的，你不会死的。"

后来，孙叔敖平平安安地长大，做了楚国的国相。

"雕虫小技"的由来

趣味知识卡

古代汉字有一种字体，叫虫书，也叫鸟虫书。西汉时，刚入学的孩子学习书法，入门的基本功便是学习鸟虫书。"雕虫"便成为写书法的代称，人们把会写鸟虫书的技能称为"雕虫小技"。后来，"雕虫小技"成为一个成语，比喻微不足道的技能，也用来谦称自己写的诗或文章水平不高。

"鱼"和"渔"

陕西半坡遗址出土的人面鱼纹彩陶盆距今有六千多年的历史。在陶盆上，刻画有鱼的图案，说明那时候鱼和人类的生活已经很密切了。

"鱼"的甲骨文写作🐟，金文字形也较多，如🐟、🐟、🐟、🐟，都用清晰简要的线条勾勒出了鱼的形状和鱼身上的鳞片。

"鱼"字形演变

甲骨文 —— 金文 —— 小篆 —— 隶书 —— 楷书（繁）—— 楷书（简）

相传，鱼昼夜都不睡觉。所以，佛教的法器就刻成了鱼的形状，用来警戒僧众要昼夜用功，这便是"木鱼"。其实，鱼是睡觉的，只不过不少鱼没有眼睑，睡觉的时候也睁着眼睛。

"渔"的甲骨文有很多种写法，更常见的写法是🐟，表示水中有鱼。

"渔" 字形演变

甲骨文	金文	小篆	隶书	楷书（繁）	楷书（简）

此情此景，不由得让我想起一个成语……

什么？

临渊羡鱼，不如退而结网。

这……是成语吗？

　　抓到一条鱼就已经很开心了，如果抓到两条呢？那就是"再"。"再"的甲骨文写作🐟，下面是一条鱼的形状🐟；上面是一横，表示又一条鱼。造字本义是两次、第二次，引申为副词，表示动作的重复或连续。"再一再二不再三"就是一件事可以做一次、两次，但不能做三次。

"再" 字形演变

甲骨文	金文	小篆	隶书	楷书（繁）	楷书（简）

　　三条鱼放在一起便是"鱻"（xiān），"鱻"的金文写作 ，造字本义是新鲜。这个含义，今天写作"鲜"。有意思的是，"鲜"的造字本义和新鲜无关，它的金文写作 ，是指一种鱼的名字。《说文解字》上说，这种鱼产自貉国，味道鲜美。后来，人们把这两个字合成了一个字，都写作"鲜"。

　　鱼捕得多了之后吃不完，聪明的古人便把鱼养起来，这便是 （鲁）。上面是鱼的形状，下面的 表示池塘。"鲁"后来用作地名，春秋战国时期，有一个国家叫鲁国。鲁国是孔子和孟子的家乡。

　　鱼吃多了，人就会变得很聪明，是吗？

民间传说

鲤鱼跳龙门

　　传说在很久很久以前，位于河南洛阳的龙门还没有凿开，伊水流到这里，便被龙门山挡住。久而久之，龙门山山脚下形成了一个大湖。

　　黄河里的鲤鱼们听说龙门山的风景很好，便想来看一看。鲤鱼们沿着黄河，游进洛河，又顺着伊河来到龙门山脚下的大湖中。可到了这儿，鲤鱼们傻眼了，这里只有高山，并无水路，它们根本上不去龙门山。

鲤鱼们没有办法，便准备游回黄河。这时候，一条勇敢的小鲤鱼说："我们已经游到了这里，如果不去龙门山看一看，总是很遗憾。我有个建议：咱们的尾巴非常有力量，我们跳上龙门山去看一看怎么样？"

有的鲤鱼很害怕，觉得山太高，跳不好的话会摔死。大家七嘴八舌讨论着，拿不定主意。这时候，那条勇敢的小鲤鱼自告奋勇要去试一试。它积攒了浑身的力量，尾巴用力拍向水面，像一支离弦的箭一样跳到了半空，跳过了龙门。小鲤鱼大喜，正准备跳回去，这时候，从天上落下一团火，烧掉了小鲤鱼的尾巴。山下的鲤鱼们见状，吓得缩成一团，更加不敢跳了。

过了一会儿，一条金灿灿的巨龙从天上飞下来，落在鲤鱼们前面。巨龙和蔼地说："大

家不要怕，我是你们的伙伴小鲤鱼呀。只要跳过了龙门，就会变成龙，你们也要努力跳呀。"

鲤鱼们受到鼓舞，开始一个个跳龙门山。可是，除了个别的鲤鱼可以跳过龙门化成龙，大多数只能失望地游回去。

凡是跳不过去、从空中摔下来的，额头上就落一个黑疤。据说直到今天这个黑疤还长在黄河鲤鱼的额头上呢。

"鱼雁传书"的由来

趣味知识卡

古时候，人们经常把书信称作"鱼雁"。这是因为古人写信的时候，喜欢把信折叠成鱼的形状。唐代，人们用厚茧纸制信函，形若鲤鱼，两面都画鳞甲，腹中可以藏书，名曰"鲤鱼函"。

大雁也能传书。相传苏武被扣押时，把书信绑在了大雁的腿上。这只雁恰好被汉昭帝在长安射下。得知苏武还活着，他便派遣使者把苏武接回了长安。从此，人们就把书信称作"鱼雁"。

植物篇

草本

一株两株三株四株草

大自然中，随处可以见到可爱的小草。甲骨文中，也有很多和小草相关的字。

"草"的甲骨文写作"艸"，字形像并排而生的两株小草，简化后，写作"艸"。今天的"草"字，其实是另外一个字"皂"，篆文写作"𦾓"。"皂"的造字本义是栎树的荚果，即皂角。后来，人们用"草"字代替"艸"字，草的本义就消失了。

甲骨文中，"草"字还写作"屮"，是一株小草的样子，简化后写作"屮"。造字本义是小草刚刚长出来的样子。

小草破土而出就是"屯"。"屯"的甲骨文 字形中的横线代表大地。《说文解字》中说，屯像草木初生，曲折而又艰难的形状。造字本义是艰难。《周易》中有一个屯卦，象征着开始和新生，也象征着困难和危险。

小草从土里长出来便是"生"，甲骨文写作"生"，上面是一株小草的形状，下面的一横代表大地。"生"的

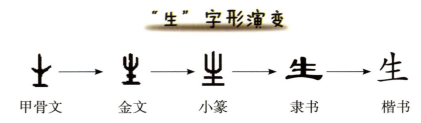

"生"字形演变

甲骨文 → 金文 → 小篆 → 隶书 → 楷书

造字本义是草木生长，引申为出生、生命等含义。

古人真聪明，他们观察天地万物，把自然中万物生长的规律都融到了汉字里。

读懂了汉字，我们才能真正读懂中华文明呀！

那么，三株草放在一起又是什么呢？

三株草放在一起便是"卉"，篆书写作"卉"。古时候，"三"并不是表示三个，而是表示多。"卉"的造字本义是各种草的代称，泛指草木。"花卉"这个词语就是指百花和百草。

甲骨文中，还有很多像四株小草形状的字。"莫"的甲骨文写作"莫"，艸艸指丛生的草，○代表太阳，太阳落入草丛中，就是快要日"莫"了，造字本义指日落时分。后来，人们在"莫"的下面加"日"，变成"暮"。

与"莫"相对的字是"早"。"早"的甲骨文写作"早"，由○（日，太阳）和中（中，小草）构成，表示太阳从草丛中升起，造字本义是早晨。

"莽"的甲骨文写作"莽"，字形像是有犬隐藏在草丛中。只有草丛足够茂盛，才能够隐藏猎犬的踪迹。"莽"的造字本义指丛生的野草，引申为鲁莽。造字本义消失后，人们另造了一个 丛（篆文，丛）来表示草丛。丛的上半部分丛指丛生的野草，下半部分取是"取"，表示字音。简化后，人们另造了一个指事字"丛"，用两个"人"表示人多，用"一"

"丛"字形演变

叢 —— 蕞 —— 丛

小篆　　　隶书　　　楷书

表示地面。

　　古人讲究落叶归根，人去世后就要埋入土中，这便是"葬"。"葬"的甲骨文字形较多，有 、 、 等。我们的生命终将回归大地，化作春泥。

很多草长在一起就是"草丛"，很多花长在一起就是"花丛"，很多树木生长的地方就是"丛林"。很多书在一起是什么呢？

嗯……"书丛"？

哈哈，是"丛书"啦！

"葬"字形演变

園 —— 狋 —— 茻 —— 葬 —— 葬

甲骨文　　金文　　小篆　　隶书　　楷书

成语故事

风吹草动

　　春秋时期的楚平王宠信奸臣费无忌，无故杀害大臣伍奢一家，伍奢的小儿子伍子胥因不在都城，逃过一劫。

楚平王一定要斩草除根，下令捉拿伍子胥。伍子胥一路逃亡到了边关，可是边关悬挂着他的画像，官吏盘查得很紧，他出不了关。伍子胥愁得睡不着觉，几天以后，他的满头黑发竟全部变成了灰白色。

幸好这个时候伍子胥遇到了东皋公。东皋公同情伍子胥的遭遇，找了一个模样和伍子胥相似的人，让假伍子胥大摇大摆地出现在城门口，引开守卫，伍子胥趁乱出了关。

伍子胥逃出边关，一路狂奔，被一条大江挡住去路。正在着急的时候，江上有个渔夫摇着小船过来了。伍子胥请求渔夫带自己过江，再给自己一些食物。渔夫同意了。

过江之后，渔夫让伍子胥在江边等着，他回家去拿吃的。忽然，一阵清风吹来，芦苇和野草籁籁地响了起来。伍子胥吓了一跳，以为是楚兵追来了，慌忙躲进草丛里。等他平静下来，仔细观察后，不由得哑然失笑，原来不是追兵到了，只是风吹动了草。

后来，伍子胥逃到吴国，受到吴王重用，带领军队攻打楚国，报了深仇大恨。

成语"风吹草动"就是出自这个故事，意思是风一吹，草就开始摇晃，比喻微小的变动都会引起人的警觉。

小草的颜色

小草的颜色多是绿色，但是在不同的生长阶段，绿的程度有所不同。

"青"便和小草的颜色有关，甲骨文写作" 🌱 "，上面是 ✦（小草），下面是 ▣（井），表示读音。造字本义是草青色。后来，"青"引申为蓝色，"青天"就是蓝天；引申为黑色，"青丝"指黑头发。"青"，还是春天的颜色，生机勃勃的颜色。所以，去郊外游玩称作"踏青"，年轻人被称作"青年"。

古人说"青出于蓝而胜于蓝"，我终于明白是什么意思了。

"青"字形演变

甲骨文 → 金文 → 小篆 → 隶书 → 楷书

"苍"的金文写作" 🌿 "，上面是 ⼁⼁（草），下面是 ⾦（仓），"仓"是囤积东西的地方，还可以表示读音。造字本义指草的颜色，青色。"郁郁苍苍"指草木繁盛的样子，"苍松"就是青色的松树。后来，"苍"引申为天或者天空，比如"上苍""苍穹"；还引申为灰白色，如"苍白"

"苍"字形演变

金文　　小篆　　隶书　　楷书（繁）　楷书（简）

成语故事

青出于蓝而胜于蓝

南北朝时期，有一个叫李谧的文人，拜文学博士孔璠为老师。李谧既聪明又刻苦，学问学得特别快。几年以后，李谧的学问就超过了自己的老师。孔璠非常高兴。

孔璠是一个很谦虚的人，有时候，他遇到不明白的问题，还会去向李谧请教。每次李谧都不好意思，给老师解答问题的时候总是神色不自然。

孔璠对李谧说："凡是在某方面有所见解的人，都可以做我的老师。你

不要觉得不好意思。"李谧听了非常感动。

　　后来，人们为了颂扬孔璠这种求知好学的精神，编了一首短歌："青成蓝，蓝谢青，师何常，在明经。"意思是说：靛青这种染料是从蓼蓝中提炼出来的，但颜色比蓼蓝更深。同样，师生关系也不是固定不变的，谁的知识多，谁就可以当老师。人们把这首短歌浓缩为成语"青出于蓝而胜于蓝"，用来比喻学生通过后天的学习，可以超过老师。

"青史"为何指史书

趣味知识卡

　　古时候，纸张还没有普及，书籍大多是由竹简制成的。竹简是青色的，人们便用"青"指竹简，用"青史"作为史书的代称。比如"青史留名""名垂青史"等成语，都是指在历史上留下好名声。

　　竹子表面有一层竹青，含有水分，不容易刻字，古人便把竹子放在火上炙烤，把水分烤出来。这样一来，不仅刻字方便，而且可以防蛀虫。这火烤的程序叫作"杀青"，也叫作"汗青"。故此，"汗青"也可以指史书或者历史。南宋爱国诗人文天祥就曾写下"人生自古谁无死？留取丹心照汗青"的诗句。

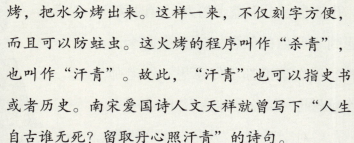

菜，就是可以吃的草

草的用途很多，可以盖房子，用茅草盖房子就是"茨"（篆文）。《山海经》中，有一座山叫具茨山，是轩辕黄帝居住的地方，因山上长满茅草而得名。可不要小看茅草，它在古代可是神圣的祭品。西周时，楚国主要进贡的物品之一，便是包茅草。当年，齐国起兵征讨楚国，原因就是楚国没有按规定给周天子进贡包茅草。

古人发现，有些草可以治病，称作"药"；有些草可以吃，称作"菜"。"菜"的金文字形是上下结构，上半部分的左边是"手"的形状，右边是（草），表示用手采草；下半部分是（木）。为什么会有"木"呢？原来，古代的"菜"只指蔬菜，包括从树上摘下的新鲜嫩芽。今天的"菜"含义更加丰富，包括肉、蛋等食物。

"菜"字形演变

金文　　小篆　　隶书　　楷书

"蔬"的篆文写作"蔬"，上面的（草）说明这是一种植物，下面的（疏）表示读音。造字本义是蔬菜。

"蒋"（篆文蔣）大多作为姓氏使用，但是它的造字本义是指一种可以食用的草本植物，便是今天的茭白。

"韭"的篆文写作"韭"，这是一个指事字，上面的韭是草丛，下面的一表示地面，造字本义指一种草本植物。

"瓜"的金文写作"瓜"，像是藤蔓（瓜）上结着果实（瓜）的样子。

蔬菜得有地方种植，圈起来种植蔬果的地方就是"园"。篆文写作"園"，口是指围起来的一片地方，袁是"袁"字，表示读音，后来简化写作"园"。种菜的地方是"菜园"，种花的地方是"花园"，种果树的地方是"果园"，种粮食的地方是"田园"。再后来，"园"引申为供人游览娱乐的地方，如"公园""动物园"。

我现在终于知道为什么"吃菜"可以吃好多食物，如鸡腿、红烧肉……"种菜"，就只能种蔬菜。

"韭"字形演变

韭 → 韭 → 韭

小篆　　隶书　　楷书

"瓜"字形演变

瓜 → 瓜 → 瓜 → 瓜

金文　　小篆　　隶书　　楷书

"园"字形演变

園 → 園 → 園 → 园

小篆　　隶书　　楷书（繁）　　楷书（简）

成语故事

目不窥园

西汉儒学大师董仲舒年少时，读书非常刻苦，常常半夜才睡，鸡一叫，就又起来读书。

他的书房紧靠着姹紫嫣红的花园，但是他三年没有进去过，甚至连一眼都没瞧过。有人劝他出去走走，不要总是窝在书房读书。他却说："我不出去玩，只喜欢读书。就算我出去，也是和其他人讨论诗书。"

董仲舒 30 岁时，开始招收学生，精心讲学，为汉王朝培养了一大批人才。

后来，人们把这个故事称作"目不窥园"。"目"指眼睛，"窥"是看的意思，"园"指花园，"目不窥园"用来形容埋头读书。

趣味知识卡

戏曲演员为啥又称"梨园"弟子

  我们总是称戏曲演员为"梨园弟子"。这个称呼源自唐代，和唐玄宗李隆基有关。

  唐玄宗不仅开创了"开元盛世"，还是一位出色的音乐家。他喜欢歌舞，并且亲自培养戏曲演员。唐玄宗培养戏曲演员的地方就叫作"梨园"，他培养出来的戏曲演员被称作"梨园弟子"。这些戏曲演员水平很高，在当时非常受人推崇。

"苦"和"答"竟然是植物

  "苦"和"答"这两个字看似和植物风马牛不相及，实则在造字之初也指植物。

  "苦"的金文写作""，上面是ΨΨ（"艹"），表示这是一种植物；下面是 （"古"），表示读音。造字本义指一种叫作苦菜的植物，它可以清热解毒。因为这种植物味道有点儿苦，所以，"苦"字引申为味道苦。

"苦"字形演变

金文 → 小篆 → 隶书 → 楷书

我明白了，"良药苦口利于病"的意思是良药大多数味道苦，但是有利于治病。苦是指味道苦。

我也明白了，我们每天学习很辛苦，这个"苦"是"心里苦"。

  "答"的篆文写作" "，上面是ΨΨ（"艹"），表示这是一种草本植物；下面是合

（"合"），指有盖子的器物，这里表示读音。造字本义是以竹补篱，简化后写作"答"。后来，假借为酬答，组词如"报答""答谢"，也可以引申为回答。

成语故事

道旁苦李

魏晋南北朝时期，王戎七岁时，和几个小伙伴外出游玩，发现路边有几株李子树上结满了饱满圆润的李子，把树枝都压弯了。小伙伴们看到紫红色的大李子，高兴地攀折树枝，摘取李子。只有王戎站在一旁，一动不动。

大家觉得非常奇怪，就问王戎："你为什么不摘啊？"王戎笑着回答："这李子肯定是苦的，摘下来也不能吃。"

大家不相信，摘下来一尝，果然又苦又涩，但不服气地问王戎："你怎么知道这些李子是苦的？"

王戎说："李树长在道路旁，结了那么多李子，却没有人摘，要不是苦的，肯定早被人摘完了。"小伙伴们一听，都心悦诚服。

这个故事后来演变为成语"道旁苦李"，意思是指大路旁的李子因为苦涩，所以无人摘取，比喻被人所弃、无用的事物或人。

竹子也是草

竹子看起来很高，像是木本植物，但其实是草本植物。"竹"的甲骨文写作" 𠆢 "，字形像两根细枝上垂下六片叶子，篆文写作" 竹 "，则突出了竹子挺拔的特点。造字本义是竹子，后来变成了偏旁，凡是和竹子有关的字，大多是竹字头。

"竹"字形演变

甲骨文　　　小篆　　　隶书　　　楷书

这是因为在造纸术发明之前，书籍多用竹简编成。过去人们把字写在狭长的竹片上，称作"简"。

可是"书籍"的"籍"和竹子没有关系呀，怎么也是竹字头呢？

　　竹子身形挺拔，竹竿上有一个又一个"节"。"节"的金文写作""，上面是"↑↑"，表示这个字和竹子有关；下面是 （即），表示读音。竹子每节之间都有一个连接的节点，引申为物体各段相连的地方。人体有"关节"，是骨头与骨头相连的地方，音乐有"节奏"，文章有"小节"。

"节"字形演变

| 金文 | 小篆 | 隶书 | 楷书（繁） | 楷书（简） |

"支"字形演变

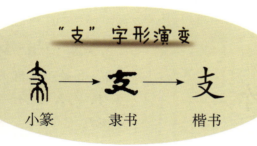

小篆　　隶书　　楷书

　　"支"的篆文是 ，其中的 像是断开的竹子， 是手的形状，字形像是手持折下的竹子，造字本义是脱离竹茎的竹枝。后来，"支"的本义消失，人们在"支"旁加"木"变成"枝"，强调了树的枝条。"支"又引申为人的肢体，这个义项后来写作"肢"。

成语故事

胸有成竹

　　北宋时期的画家文同（字与可）画的竹子远近闻名，每天都有不少人登门求画。

　　文与可画竹的秘诀在哪里呢？原来，他在自己家的房前屋后种了许多竹子，无论春夏秋

冬、阴晴风雨，他都会去观察竹子的生长变化，琢磨竹枝的长短粗细，叶子的形态、颜色。

这样天长日久，竹子在不同季节、不同天气、不同时辰的形象都深深地印在了他的心中。文与可只要拿起笔，平日观察到的各种形态的竹子便会立刻浮现在眼前。所以每次画竹，他都显得非常从容自信，画出的竹子无不逼真传神。

当人们夸奖他画的竹子时，他总是谦虚地说："我只是把心中琢磨成熟的竹子画下来罢了。"

文与可有一个朋友叫晁补之。晁补之是一个诗人，曾经写过一首关于文与可画竹的诗，其中两句是：与可画竹时，胸中有成竹。

这个故事和这两句诗，后来就演变为成语"胸有成竹"：比喻做事之前已做好充分准备，对事情有把握，又比喻遇事不慌，十分沉着。

这些字竟然和竹有关

"笔"的甲骨文写作" ",字形像是一个人用手抓着竹管写字或者画图画。造字本义是写字、画画用的书写工具。

"笔" 字形演变

甲骨文 → 金文 → 小篆 → 隶书 → 楷书（繁） → 楷书（简）

"笨"为什么也是竹字头呢？这是因为"笨"（篆书）的造字本义是指竹子的里层，后来才引申为笨拙。

"笑"也和竹子有关。"笑"的楚简写作，上面是竹字头，下面是一个扭动身体的人形。竹，在古代可以表示乐器。的字形表示一个人高兴地随着音乐舞动身体，简化

如果没有了竹子，那也就没有了书籍，没有了毛笔，没有了音乐……华夏文明也就没有办法延续下去了。

后写作"笑"，造字本义是因喜悦而开颜或出声。

　　古代许多乐器也和竹子有关，比如"笛""箫"等。所以，人们经常用"丝竹"来指音乐。

成语故事

梦笔生花

　　传说有一天深夜，李白梦见自己随风飞翔到一座海上的仙山上。仙山四周云海苍茫，波澜壮阔，李白为大自然的美景所陶醉。就在这时，一支巨大的毛笔突然耸出云海，足有十多丈高，光芒四射，映得周围的云彩五光十色。

　　李白看呆了，心想，如果自己能得到这支巨笔该多好啊，那样就可以写尽人间美景了。忽然，那支笔发生了奇妙的变化：笔尖开始慢慢变大，竟然绽开了一朵绚烂的花。李白忍不住伸出手，这支笔就像长了眼睛，直接飞到了李白手中。李白大喜，放声高歌。这时候，李白醒了，发现自己躺在床上。原来，这只是一个梦呀。

　　李白梦醒之后，对梦境念念不忘，决心遍访名山大川。有一次，李白到了黄山，和狮子林禅院的长老开怀畅饮。喝着喝着，李白诗兴大发，趁着酒意，挥毫泼墨。写完之后，他随手把毛笔一扔，空中传来一阵巨响，大家一看，李白扔下的那支毛笔竟然化成了一座像笔一样的山峰，笔尖化成了一棵松树。

而最吃惊的是李白，因为他发现，这里就是他曾经梦到过的地方。如今的黄山，还有这座"梦笔生花峰"呢。

成语"梦笔生花"就来源于此，也可以写作"妙笔生花""笔底生花"，形容文笔好，善于写作。

毛笔是谁发明的

趣味知识卡

毛笔是一种源于中国的传统书写工具和绘画工具，为"文房四宝"之一。因其笔头是用动物的毛制作而成的，所以被称为毛笔。

最初，人们认为毛笔是秦朝的蒙恬发明的，多部史料中都有明确的记载。

但1954年6月在湖南长沙左家公山战国墓中发现了毛笔，将毛笔出现的时间提前了。

那么，毛笔到底是谁发明的？什么时候发明的呢？从"笔"的甲骨文的字形来看，在商代，毛笔应该就已经存在了。可能，毛笔也和其他工具一样，是劳动人民在劳动的过程中发明的。

木本

木林森

人们经常把"树""木"两个字放在一起使用，但其实，这两个字的差别还是挺大的。我们首先来看"木"。

"木"的甲骨文写作，像是上有枝干、下有根系的一棵树。金文、篆文承续甲骨文字形，隶书则淡去篆文字形中树枝的形象。所有树类的植物都可以称作"木"。

"木"字形演变

甲骨文 → 金文 → 小篆 → 隶书 → 楷书

刚刚长出来的小树便是"才"，甲骨文写作。造字本义是草木初生，引申为才能或者有才能的人，如"多才多艺"。简化后，人们把实心点写成一撇，便有了现在的"才"字。

"才"字形演变

甲骨文 → 金文 → 楷书

两个木放在一起是 （甲骨文，林）。"林"的造字本义是成片丛生的树木。所以，"林林"指众多，"林林总总"形容品种繁多。

一棵树两棵树三棵树……漫山遍野都是树该怎么表现呢？

三个木放在一起是"森"，甲骨文写作 。古人用"三"来表示众多，"森"的造字本义就是树木繁密的样子。

到处长满树木便是"野"。"野"的甲骨文写作 ，是由 （林，山林）和 （土）构成的，造字本义是郊野、野外。野外的兔子就是"野兔"，野外的鸭子就是"野鸭"。篆文 变形较大，由篆文 （里）和 （予）组成，省去了 （林），加 （田）、（土）和 ，变成了现在的字形"野"。

"野" 字形演变

 ⟶ ⟶ ⟶ 野

甲骨文　　　小篆　　　隶书　　　楷书

另一个表示丛生树木的字是"楚"，甲骨文写作 或者 。这两个甲骨文的字形都表示一个人的脚步走过丛生的树木。"楚"后来引申为一种灌木"荆"。春秋时的楚国又叫荆州。其实，楚就是荆，荆就是楚。

哈哈。我想起了一句歇后语——刘备借荆州。

我知道下半句——有借无还！

成语故事

入木三分

王羲之是中国历史上最有名的书法家之一。他的成就可不是天生的，而是靠后天勤学苦练得来的。

王羲之为了把字练好，无论休息还是走路，心里总是想着字体的结构，揣摩字的架子和气势，不停地用手指头在衣襟上画。时间久了，身上的衣服都被他划破了。

有一天，王羲之把字写在木板上，拿给刻字的人照着雕刻。这个人先用

刀削木板，却发现王羲之的笔迹竟然透进木板里有三分深。这件事情轰动了整个京城，"入木三分"也就人人皆知了。用毛笔在木板上写字，而笔迹还能透进三分的深度，除了身怀绝技的人，还有谁会有这种能力呢?

后来，人们从这个故事中提炼出成语"入木三分"，用来形容写文章或者是说话的内容非常深刻。

野 史

野史是与正史相对的、民间编撰的史书。

正史是指以《史记》为代表的二十四史，由官方指定的史学家编纂而成。而野史由私人编订，大部分根据传闻、神话等编写，有的具有真实性，而有的则待考究。

木片用处多

　　小树长成大树后，就会被砍下来制作各种物件，但首先需要把大树砍成木头。这个被劈开的木头就是"片"，甲骨文写作 ⅃，引申为片状的东西，如"布片""纸片""雪片"，又引申为不完整的、局部的，"片面"就是指不全面。

"片"字形演变

⅃ → 片 → 片 → 片

甲骨文　　　小篆　　　隶书　　　楷书

　　刚砍下来没有经过加工的木头便是 朴（篆文，朴），也可以用来形容不加修饰，比如"朴素""淳朴"。

　　木头如果很长，那便是"格"。"格"的金文写作 𣏾，是由 木（木，木头）和 各（各，表示读音）构成的。《说文解字》上说，"格"是很长的木头，引申为规格、品质、风度等。

"格"字形演变

金文　　　小篆　　　楷书

木头长了，规格就高了。

读书多了，学问就高了！

　　木头如果很直，便是"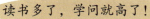"（篆文，植）。这种很直的木头大有用处，可以用来顶住已经落锁的门，增强安全性。后来，"植"引申为栽种，如"植树"。

　　把砍下的木头捆绑好就是"❦"（甲骨文，束）。后来，所有捆绑在一起的东西都可以称作"束"。如今，"束"常常作为量词出现，比如"一束花"。

历史故事

韦孝宽植树

　　西魏大将韦孝宽因为军功赫赫，而被授予雍州刺史一职。

　　当时，官道上每隔一华里（一华里相当于现在的 0.5 公里）便在路边设置一个土台，作为标记，用以计算道路的里程，也就是现在的里程碑。韦孝宽上任后，发现土台容易因风吹日晒而损坏，需要经常维修，不仅增加了朝廷的开支，还增加了百姓的负担。

　　韦孝宽想要解决这个问题，减轻百姓的负担，但一直没有找到合适的办法。这天，他走出刺史府，想要一边了解百姓的生活，一边实地考察，走累了，便在一个小林子里休息。

　　林子中有一个茶水摊，韦孝宽喝着茶，好奇地问摊主为什么把茶摊设在偏僻的地方。摊主说这里靠近大路，又有树荫，行人累了可以喝茶休息一下，是一个好地方。

　　韦孝宽听了，心中一动：如果在土台周围种植绿树，不仅可以计算路程，还可以为行人提供绿荫歇脚。

　　韦孝宽又经过调查，发现槐树易栽种易成活，便决定在原先土台的位置种上一棵槐树。这样一来，官道上的槐树不仅可以继续标记路程，还可以美化环境，造福乡里。

　　这是记载在《资治通鉴》上的一个故事。韦孝宽成为最早在路边植树的人，陕西也是历史上最早在官道上植树的地方。

种树和砍树

"树"的甲骨文写作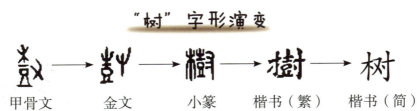，表示（手）持小树苗栽种在盆子中，造字本义是植树、种植或者栽培。"十年树木，百年树人"中的"树"，意思就是"栽培"。后来，"树"引申为木本植物的统称。

"树" 字形演变

甲骨文　　　金文　　　小篆　　　楷书（繁）　　楷书（简）

"封建"的本义其实是封土建国，指帝王把土地分封给诸侯，允许他们在这个地界上建立起自己的国家。

古时，人们在自己的土地四周种植草木来表示地界，这个字就写作""（金文，封），造字本义是疆界。《说文解字》中，"封"指诸侯的土地，引申为帝王把土地和爵位等赐给人，如"封官""封爵""封侯"。

"散"和"折"表示的是砍树。

"散"的甲骨文写作 木木，左边是 木木（林），表示树木，右边是 攴（攴），手拿武器的形状，字形表示用工具来砍伐草木，造字本义为分散，引申为没有约束，如"散文""散曲""披头散发"。

"折"的甲骨文写作 斤，字形像是用斧子 斤 把树砍成两段 艸。造字本义是折断，如"折下树枝"。篆文 折 误将"木"写成"手" 手，所以，如今的"折"字看起来和木头没有丝毫关系了。

"散"字形演变

木木 —→ 散(小篆) —→ 散

甲骨文　　　　小篆　　　　楷书

"折"字形演变

斤 —→ 折 —→ 折 —→ 折

甲骨文　　　金文　　　小篆　　　楷书

历史故事

李广难封

李广是西汉名将。有一次，李广带着一万多名士兵，去雁门关外抗击匈奴，却遇到了数十万匈奴军队。李广寡不敌众，受伤被俘，被匈奴人放在两匹马之间的吊床上。李广寻找机会，从吊

床上一跃而起，夺取一个匈奴兵的马匹和弓箭，不仅冲出了匈奴的军队，还射死射伤了很多匈奴士兵。

这件事情让李广威名远播，甚至有人传说李广会飞。匈奴人敬畏李广，尊称他为"飞将军"。只要是李广在镇守边疆，匈奴人便不敢进攻。李广一生征战又非常爱护士兵，却一生坎坷，终身未能封侯。

后人把李广的经历称作"李广难封"。"封"的意思是封侯。

分封制

西周时，周武王把周朝的土地分封给王室成员和有功之臣，让他们在封地上建立自己的国家。这种做法被称作"分封制"，或者是"封建"。诸侯在封地内享有世袭统治权，也有服从天子命令、定期朝贡、提供军赋和力役、维护周室安全的责任。

东周以后，诸侯国的势力越来越大，周王朝已经无力统治，诸侯国之间开始连年征战。这就是历史上的春秋战国时期。秦始皇统一全国后，废除分封制，推行郡县制，建立了第一个专制主义中央集权的王朝。

"根"为啥和"本"放在一起

　　古时，"根"和"本"的意思是一样的，都是指树木的根。"根本"一词指基础或本质，比喻事物的本源、根基。

　　"本"的金文写作朩，是一个指事字，在树的根部朩加三点指事符号，表示树在地下的营养器官。造字本义是树根或者草根，引申为事物的起源、主要的、原来等含义。

"本"字形演变

朩 → 朩 → 本 → 本
金文　小篆　隶书　楷书

　　"根"的字形出现较晚，篆文写作根，左边是朩（木），表示和木头有关；右边是艮（艮），表示读音。后来，"根"引申为物体的下部分，如"墙根"；引申为事物的本源，如"知根知底"。

　　我们认真读书就是"根深本固"，夯实自己的基础。

　　不认真读书的话就会成为"无本之木"，那可就太危险了。

人们还经常把"本"和"末"放在一起使用，如"本末倒置"。

"末"的金文写作末，字形和"本"的金文本的区别在于："末"的指示符号在树梢的位置，造字本义是树梢；"本"的指示符号在树根，造字本义是树根。"本末倒置"多用来比喻颠倒了事物的轻重主次。

"未"的字形和"末"也比较像。"未"的甲骨文写作业，字形像是树木的枝叶重重叠叠。

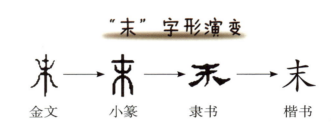

"末"字形演变

金文 → 小篆 → 隶书 → 楷书

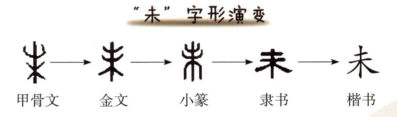

"未"字形演变

甲骨文 → 金文 → 小篆 → 隶书 → 楷书

成语故事

舍本逐末

战国时期，齐王派使者到赵国去向赵威后请安。赵威后是赵孝成王的母后，曾经帮助赵孝成王执政，在诸侯国中威望很高。

使者到了赵国的都城邯郸，马上去拜见赵威后，把随身带来的齐王亲笔信呈给她。

赵威后并没有拆阅齐王的信，却问使者齐国今年的收成好不好，老百姓好不好，最后才问齐王好不好。

使者有点儿不高兴，说："我奉大王旨意，专程来向您请安。一般来说，您应该先问候我们的大王，可您先问的却是年景和百姓。您怎么先问候地位较低的，而把尊贵的放在了后面呢？莫非是我们大王在礼数上有不周到的地方吗？"

赵威后笑着说："你想想看，没有好年景，老百姓靠什么活下去？没有老百姓，又哪里有大王呢？所以说，我这样问才合乎情理；不这样问，便是舍本逐末。"

使者一听，感觉很有道理。回去以后，他就把赵威后说的这一番话告诉了齐王。这句话慢慢流传开来，变成了一个成语"舍本逐末"。古代以农耕为本，舍弃农耕就被认为是抛弃根本。比喻做事不注意根本，而只抓细枝末节。现在多用于指颠倒轻重主次，不会明辨轻重缓急。

长在树梢的字

大树的树梢不仅枝繁叶茂，还长满了汉字，我们一起来看看都有什么字吧！

首先来说说"枝"。"枝"的篆文写作 ，左边是 （木），右边是 （支），表示读音，造字本义是树干分出的枝条。"柳枝"就是柳树的枝条，"枯枝"就是枯死的枝条。

树上除了枝条，还有"叶"。"叶"的甲骨文写作 ，像树木 的枝条 上长满叶片 ，引申为像叶子的，如"百叶窗"。

"叶"字形演变

甲骨文 　　金文 　　隶书 　　楷书（繁）　楷书（简）

木本植物开的花，称作"华"，甲骨文写作 ，字形像是一棵开满鲜花 的树 。"桃之夭夭，灼灼其华"中的"华"，指的就是桃花的花朵。而"花"字出现较晚，篆文写作 ，指草本植物开的花。后来，所有的花朵都可以用"花"来表示。"华"失去了本义，引申为光彩、华美等含义，如"华美""华丽"等。"华"又假借为民族名，是汉族的古称，引申为中国。

花儿落了便结"果"。"果"的金文写作，像是树上结满了果实的形状，造字本义是植物所结的果实，引申为结果、果然等含义。

有意思的是，"某"的造字本义竟然也是指果实。金文写作，字形表示树上结着果实，至于是什么果实呢，那就不知道了。

树上的叶子和果实成熟之后，就该采摘了。"采"的甲骨文写作，字形表示用手摘取树上的果实或者叶子。远古时代，人们摘取树上的浆果和叶子作为食物。"采"又读 cài，采邑的意思，指古时候诸侯分给卿大夫的封地。

怪不得"某人""某地""某事"都表示不确定，原来从根上就不确定啊！

"采"字形演变

甲骨文   小篆   楷书

树上的风景这么美丽，大家都想坐在树上看一看，这便是"乘"，甲骨文写作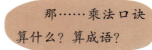。造字本义是坐，指坐在树上。后来，坐在车上"乘车"，坐在马上"乘马"，都可以用"乘"来表示了。

那……乘法口诀算什么？算成语？

算……算数吧！

成语故事

积叶成书

元末明初的大文学家陶宗仪博览群书，才华出众。在一次进士考试中，他因直言时弊而得罪考官。有人让他向考官道歉，他拒绝了，宁愿不做官，也不愿违背自己的良心。

经历了这件事情，陶宗仪再也不想参加科举考试，回到老家，一边种田，一边开馆授徒。很多官员听闻陶宗仪的名气，来请他做幕僚，都被拒绝了。

虽然在田间耕种，但陶宗仪一边耕田，一边思考问题。田埂旁放着书本和笔墨。休息时，他看一阵书，取出笔墨，走到大树下，信手扯下数片树叶，在上面尽情地写着。

原来，陶宗仪是就地取材，把树叶当成纸，记录所见所闻、所思所想。这些记录下的内容，有关于书上文章的思考，有对当时社会制度的思考，有对各地农民起义的记录……

写好之后，陶宗仪把它们小心翼翼地放在大树下晾着，收工时，再把写满字的树叶带回家，将它们存贮在瓦罐中。每存满一罐，他就把瓦罐埋在屋后的大树底下。

就这样，陶宗仪日复一日，年复一年，不断记录、积累，不知不觉，竟然积满了数十个瓦罐。到了晚年，陶宗仪让学生们挖出那些瓦罐，指导他们把树叶记载的资料分门别类，抄录整理，编写了一部三十卷的《南村辍耕录》。《南村辍耕录》记录了宋元时期政治、经济、文化等各方面的风貌，成为后人研究宋元历史的重要资料。

古人用水果来追星

趣味知识卡

古人不但追星，并且非常狂热。他们看到偶像，喜欢直接用水果来表达自己的爱意。

魏晋时期的潘安是历史上有名的美男子。我们形容一个男子很好看的时候，会说他"貌比潘安"。可见，潘安是古代美男子的标杆了。

据记载，潘安每次驾车出去游玩，都会造成交通堵塞。女孩们纷纷把香甜的水果扔到潘安的车上，来表达自己的爱慕。结果，掷来的水果把车都给塞满了。

而有名的文人左思写的《三都赋》特别有名，造成了"洛阳纸贵"的局面。但左思面貌丑陋，女子见了他都是远远地避开。有一次，左思出游，收获的是满车的石头和口水。

"木"还能做什么

　　除了树木本身产生了很多的汉字，木头作为一种常见的材料，也衍生出很多相关的字。一起来看看木头还能做什么吧！

　　人靠在大树上休息便是"休"。"休"的甲骨文写作 𣏂，左边是 🕴（人），右边是 🌲（树），造字本义是休息。

　　有些树长着长着，就会枯萎死亡，这便是 𣛙（枯）。"枯"的左边是 🌲（木），右边是 古（古），既可以表示古老，又可以表示读音。"枯"后来引申为井水或者河水干涸，"海枯石烂"就是指海水干枯，石头朽烂。

　　树木枯萎便会被砍掉，便是木头。木头又可以做什么呢？可以做成梳子。传说

原来从汉字的演变，我们还可以看到很多历史啊！

是呀，语言学家陈寅恪曾经说过："凡解释一字，即是作一部文化史。"

梳子是轩辕黄帝的妃子方雷氏发明的。第一个制作出来梳子的人虽然已经不可考，但是在夏商时期，人们就已经使用梳子在整理头发了。《说文解字》中有 梳（篆文，梳）一字，还有 桶（篆文，桶）一字。

"床"的甲骨文写作 爿，像是有两个脚架、铺着木板的床。造字本义是供人坐和躺卧的家具。金文 牀 加 木（木），强调卧具是木质材料。

"床"字形演变

甲骨文　金文　小篆　隶书　楷书

需要注意的是，古时候的"床"和今天的"床"不一样。今天的床是用来睡觉的，古人睡觉则躺在席子上，席地而卧。床最初只用来供人坐或者靠卧，而不是睡觉。后来，"床"引申为某些像床的地面，如"河床"。还可以指井栏。从考古发现来看，中国最早的水井是木结构。古代井栏有数米高，成方框形围住井口，防止人跌入井内。

"床前明月光"中的"床"就是井栏吧？

还有"郎骑竹马来，绕床弄青梅"，写的应该也是围着井栏玩耍。

"乐"也和木头有关。"乐"的甲骨文 🎋 是由 🎋（丝，丝弦）和 木（木，架子，琴身）构成的，字形表示丝弦系在琴身上，简化后写作"乐"。造字本义指琴瑟之类的弦乐器，引申为音乐。

"乐"字形演变

甲骨文 —— 金文 —— 小篆 —— 隶书 —— 楷书（繁）—— 楷书（简）

古人对音乐是很重视的。孔子晚年整理六经，作为儒家的经典著作，其中，就有专门讲音乐的《乐经》。这六经分别是：《诗经》《书经》（即《尚书》）《礼记》《易经》（即《周易》）、《乐经》、《春秋》。后来，《乐经》失传，只剩下五经。

成语故事

东床快婿

东晋时期，太傅郗（chī）鉴和丞相王导是好朋友。郗鉴的女儿到了适婚年龄，他想从王家公子中选一个做女婿。王导让他自己去挑选。郗鉴派门生去了王府。

王导的子侄们早就听闻郗鉴的女儿才貌双全，都希望自己能够被选中。这一天，有人鼓琴，有人画画，有人写字……个个才貌双全。门生挑花了眼，简直不知道该选谁了。

临走时，门生路过东厢房，看到一个年轻人袒胸露腹，正躺在床上呼呼大睡。

门生询问王家的人，得知这个年轻人叫王羲之，是王旷的儿子。

门生回去向郗鉴汇报："王家年轻公子二十多人，听说您觅婿后，都争先恐后。唯有东床上的一位公子袒腹睡觉，若无其事。"

郗鉴听了后笑道："我要找的女婿正该是这样的人。这位王家公子是谁？"

"王羲之。"

郗鉴更加欢喜。他早就听说了王羲之的大名，知道他才华卓绝，人品高尚，便要亲自去看看王羲之。

到了东厢房，王羲之竟然还在床上睡觉。管家唤醒王羲之，说明来意。郗鉴看王羲之豁达文雅，十分满意，当场就和王羲之定了亲事。

这是出自《世说新语笺疏·雅量》中的一个故事。成语"东床快婿"便由此而来，"东床"指王羲之躺的床，而"快"则是说郗鉴定下王羲之的速度之快。"东床快婿"指为人豁达、才能出众的女婿，是女婿的美称。

趣味知识卡

古代的休假——休沐

节假日要休息，可不仅仅是现在上班族的专利。古人也休假，叫"休沐"。休，休息。沐，洗澡，洗头。

古时候，人们留的头发比较长，又没有吹风机，必须等头发全晾干了才能挽好发髻。所以，人们必须留出专门的时间洗澡洗头发。

汉朝规定，官吏五日一休沐。到了唐朝，官吏的休假制度改为"旬休"或者"旬假"，即官吏每十天休息一天。除了这些休沐日，像春节、元宵节等节日，官吏也是可以休息不办公的。其实，总体算下来，当时政府官吏每年休息的时间，和今天的节假日时间是差不多的。

庄稼

五 谷

原始社会时，人们靠狩猎和采集生活。没有食物的时候，人们经常会饿着肚子。传说，神农尝百草后，发现了五种可以吃的植物种子，便把它们搜集起来，教人们播种。这些种子便是五谷。那么，五谷究竟是指哪五种植物呢？

关于五种谷物的具体名称，主要有两种说法：一种指稻、黍、稷、麦、豆；另一种指麻、黍、稷、麦、菽（shū）。

"谷"的篆文写作𥝊，即"穀"，造字本义指一切粮食的总称，简化为"谷"。今天的"谷"字，在过去其实是另一个字。"谷"的甲骨文写作𧮫，造字本义是两山之间的水流。

黍去了壳，就是大黄米，比小米略大，可供食用或酿酒。黍，也就是稷。周朝始祖因为推广五谷有功，人

我明白了，"山谷""峡谷"的"谷"是"谷"。

"稻谷""五谷丰登"的"谷"是"穀"。

们尊称他为后稷。我们今天所说的江山社稷，"社"指的是土神，"稷"指的是谷神。

"菽"字看起来陌生，其实是指我们常见的豆子。《诗经·小雅·小宛》中说"中原有菽，庶民采之"。

今天的"豆"字，甲骨文写作，像是一个高脚器皿 ，内部的一横 表示器皿中的食物。造字本义是古代祭祀时用来盛肉的器物。后来，"豆"字假借为豆类作物的统称，"菽"字就很少使用了。

"豆"字形演变

豆 → 豆 → 豆 → 豆

甲骨文　　金文　　小篆　　楷书

历史故事

投豆自省

北宋赵概十七岁便考中进士。入朝为官后，赵概更是兢兢业业，兴建水利，惩治贪腐。百姓们都很爱戴他。

赵概书房中放着一个瓶子和黑白两种豆子。

做了一件好事或是有了一个好念头，赵概就会在空瓶子中投入一颗白豆；有了过失，则投入一颗黑豆。每天晚上，赵概都会把瓶子中的豆子倒出来，数一数黑豆白豆各有多少，以此来检查自己在这一天里有多少过失，有多大进步。有了过失，他就想办法改正；有了进步，他就勉励自己更加努力。

刚开始，赵概投的黑豆比白豆多。随着他不断内省，磨砺修炼，黑豆越来越少，白豆越来越多。赵概后来官至吏部尚书。他"投豆"修炼自己的故事就这样流传下来。

趣味知识卡

"豆蔻年华"是几岁

"豆蔻年华"一词源于唐代诗人杜牧的诗《赠别二首》："娉娉袅袅十三余，豆蔻梢头二月初。春风十里扬州路，卷上珠帘总不如。"在这首诗中，诗人用早春二月枝头含苞待放的豆蔻花来比喻美好的少女，这一妙喻流传至今。后来人们使用"豆蔻年华"来形容十三四岁的少女。

“麦”子从哪儿“来”

“来”和“麦”这两个看起来毫不相干的字，原本却是同一个字，都是指麦子。麦子是世界上最早栽培的农作物之一。考古学家曾在新疆通天洞遗址发现了 5200 年前的小麦和青稞，这是中国发现最早的小麦遗址。

“来”的甲骨文写作，像叶子对生的麦子，顶部的一撇像麦穗。“来”的篆文将对生的麦叶写成（从）。隶书又将（从）简化成两点一横。造字本义指小麦。

借来借去好复杂，让我拿点麦子，磨点面粉，蒸点白面馒头压压惊。

“麦”的甲骨文写作，上面是麦子的形状，下面是倒写的脚的形状，表示到来。造字本义是到来。

后来，这两个字的含义颠倒了。“来”假借为到来，造字本义慢慢消失了。“麦”却变成了麦类植物的统称。

“来”字形演变

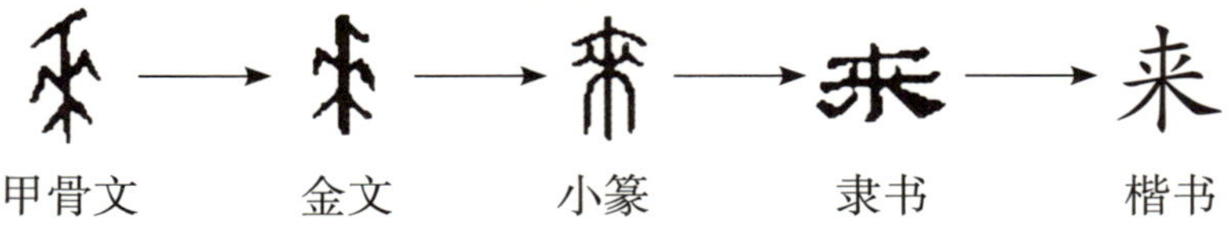
甲骨文
金文
小篆
隶书
楷书

 **成语故事**

嗟来之食

春秋时，齐国闹大饥荒，饿死了许多人。有一个叫黔敖的有钱人，煮了一大锅粥，摆在大路边上，救济挨饿的人。

这天，黔敖看到一个人饿得有气无力，跌跌撞撞地在路上走着，就大声吆喝："喂，到这儿来！我这儿有食物！"

那个人吃力地抬起头，对黔敖说："你吆喝什么？我就是因为不想吃侮辱我尊严的食物，所以才挨饿。你还是自己留着你的食物吧。"

黔敖发觉自己的态度不好，赶忙道歉。可是那个人怎么说也不肯吃，最终饿死了。

成语"嗟来之食"就来源于这个故事，比喻用恶劣的恩赐态度给别人东西，泛指带有侮辱性的施舍。"嗟"是吆喝的声音，"来"是很不礼貌地呼唤别人过来。

"禾苗" 竟是这个意思

禾，在古代专指小米。小米刚长出来的幼株是"苗"，金文写作 苗，上面是 艹（艸），表示植物初生的嫩叶；下面是 田（田），表示庄稼地、田地。由此，"苗"引申为事物显露出来的迹象，事物刚刚显露出发展的趋势就是"苗头"，刚刚燃烧起的火就是"火苗"。

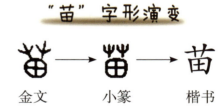

"苗" 字形演变

金文　　小篆　　楷书

小米长大后便是"禾"，甲骨文写作 禾。禾 的形状代表植物，禾 代表下垂的穗子。"禾"专指稷，又泛指谷类作物，后世特指水稻。"禾"的本义消失了，"禾苗"却流传下来。

"禾" 字形演变

甲骨文　　金文　　小篆　　楷书

禾苗长大后会吐穗开花，这便是 秀（战国楚简，秀）。后来，"秀"引申为特别优异的人，如"优秀""秀才"等。"钟灵毓秀"就是指凝聚了天地间的灵气，孕育着优秀的人物。

禾苗如果没有抽穗，就是"秃"，篆文写作秃，引申为人不长头发、树木不长叶子、山上没有树木等含义。一种头顶没有鸟羽的大型猛禽被称作"秃鹫"。

"秧"（篆文秧）和"稚"（篆文稚）也指小禾苗。后来，"秧"泛指所有植物的幼苗，如"插秧""白菜秧""瓜秧"。"稚"引申为小孩子，"幼儿园"在过去被叫作"幼稚园"。

"苗而不秀"就是指庄稼出了苗而没有抽穗，比喻人有好的资质，却没有成就。

成语故事

风禾尽起

西周时期，周武王建立周朝两年后便病重。太子姬诵年纪还小，还不能够处理朝政。于是，周武王拜托弟弟周公旦摄政，辅佐太子。

周武王死后，太子姬诵继位，便是周成王。周公旦担心诸侯不服从小天子的号令，就代替周成王管理诸侯。这件事情引起武王弟弟管叔鲜和蔡叔度的不满，他俩联合纣王的儿子武庚发动叛乱。这场叛乱最终被周公旦平复了。但是，周成王却听信谗言，以为周公旦要自立为王，就把周公旦流放了。

　　周公旦被流放后，突然刮起大风，下起大雨，禾苗被刮倒，就连大树也被连根拔起。百姓们害怕极了。周成王看到这种异象，这才明白周公旦是清白的，是自己冤枉了王叔，又重新迎回周公旦。

　　周公旦重新执政后，又刮起了一阵大风。不过，这阵风吹散了乌云，把以前倒地的禾苗又重新竖立起来。从此，国泰民安。

　　周成王长大后，周公旦把权力交还给他。

　　这是出自《尚书》的一个故事，人们把这个故事总结为成语"风禾尽起"，用来比喻顺应天心，得到天助。

稻子成熟了

小禾苗长大开花，花落后吐穗。"齐"的甲骨文 𡿨 像是谷物同时吐穗的形状。"三"是约数，表示数量很多。造字本义是成片的稻谷或者麦穗长得平整的样子。三个谷穗 𡿨 最上面的 个 后来简化为 文；另外两个 𠁡 则简化写成两竖 刂，成为今天的字形。

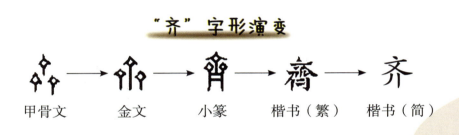

"齐"字形演变

甲骨文   金文   小篆   楷书（繁）   楷书（简）

"稻"的甲骨文写作 𤔔，上面是 𡿨（米）的形状，下面是臼槽的形状，字形表示把谷子放在臼槽中舂捣去皮。造字本义是稻谷。野生稻被驯化成栽培稻由来已久。浙江余姚河姆渡遗址出土的炭化稻谷遗存，至今已有七千年左右的历史。多个新石器时代的遗址中都发现有炭化稻谷或茎叶的遗存。

稻谷去了皮，便是"米"。"米"的甲骨文 𢆶 像是谷穗 一 上有很多米粒 𠈌 的形状。"粒"的金文写作 𨋢，造字本义也是米，引申为量词，指颗粒状的东西。"米粒"经常放在一起使用。其实，米就是粒，粒就是米。

米也有好坏之分，人们把最好的米挑选出来，这就是"精"（金文𥼽）和"粹"（篆文𥽿）。它们的造字本义都是经过挑选的、上好的白米。由此，"精"引申为聪明、完美，比如"精明""精美"；"粹"引申为不杂、精华，如"纯粹""国粹"。

经过精心挑选的米做出来的饭一定会更香。甲骨文的"香"写作𪎭，上边是谷物的形状，旁边的小黑点代表米，下面是嘴巴。造字本义是口感更甜美，和嗅觉没一点关系。

"米"字形演变

甲骨文 → 金文 → 小篆 → 隶书 → 楷书

米饭闻起来真香。

"香"最初可不是指气味哟……

"香"字形演变

甲骨文 → 金文 → 小篆 → 隶书 → 楷书

成语故事

百里负米

　　孔子的弟子子路家境贫寒，只能吃野菜果腹。父母年龄大了，需要吃些米饭才能加强营养，强壮身体。但是子路必须步行到百里以外的地方才能买到米。在交通很不发达的古代，百里之外是很远的路程，子路没有钱坐马车，只能靠双脚来回走。

　　冬天，天气寒冷，天上飘着鹅毛大雪。子路的脚冻僵了，他跺跺脚，继续赶路。夏天，烈日炎炎，子路避开正午的大太阳，在星光下赶路。遇到大雨时，子路就把米袋藏在衣服里，宁愿淋湿自己也不让大雨淋到米袋。

　　就这样，子路一直背米，坚持到父母去世。而每次煮米饭，子路总会骗父母说自己已经吃过了。其实，他吃的是野菜。

　　父母去世后，子路南下楚国。楚王听闻子路的才能，便聘他当官，给他很优厚的待遇。子路没有因为生活富足而开心，反而很难过地说："如今，我再想为父母背米，也没有机会了。"

　　子路的这种行为，激励了更多的人向他学习，孝顺父母。人们把这个故事称作"百里负米"。

禾苗上的时间单位

俗话说："民以食为天。"粮食在人们的生活中占据着非常重要的地位，很多表示时间单位的字，也和农事有关。

"季"的甲骨文写作 ，上面是 （禾），下面是 （子），表示幼小、小孩子。造字本义指刚刚抽穗的禾苗，后来引申为在兄弟排行中最小的。古代兄弟之间的排行分别是：伯、仲、叔、季。如果是兄弟三人，就变成了孟、仲、季。汉代的开国皇帝刘邦在家中排行最末，所以称刘季，通俗点来说，就是"刘老幺"。

"季"字形演变

甲骨文　　　金文　　　小篆　　　隶书　　　楷书

"季"和庄稼有关，"节"和竹子有关。看来，祖先们观察自然万物，总结规律，并运用到生活中，真是充满了智慧。

禾苗的芒便是"秒"。"秒"的篆文写作秒，左边是（禾），表示和禾苗有关，右边是（少），表示读音。造字本义是禾芒。因为禾芒太过微小，引申为比较小的时间单位"秒"。

"年"的甲骨文写作，是一个人背负谷物的形状，造字本义是谷物成熟，庄稼丰收。"丰年"指庄稼获得了丰收，"灾年"指庄稼的收成不好。因为许多庄稼是一年一熟，由此引申为时间的单位——年，如"今年""十年"；还可以引申为年龄，"童年"就是小时候，"老年"就是年纪大的时候。

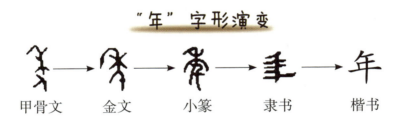

"年"字形演变

甲骨文　金文　小篆　隶书　楷书

民间故事

郑板桥过年

清朝著名文人郑板桥是"扬州八怪"之一，他任县令时，勤政爱民，很能体恤百姓的辛苦。

一年除夕夜，郑板桥没有守在温暖的火炉边，而是和差役们一起上街巡视。街上张灯结彩，到处喜气洋洋。可是，有一户人家却紧闭大门，门上贴着对联，门缝中透着微弱的光。

郑板桥停下脚步，被对联深深吸引：二三四五，六七八九。

郑板桥吩咐衙役们在这里守候，自己转身就走。大家愣在原地，不知所措。他们觉得这个对联很古怪，却怎么也看不明白。过了一会儿，郑板桥扛着米面，拎着衣服回来了。他把东西放在这户人家的门口，敲响大门后，又带着大家转身就走。

衙役们莫名其妙，只好遵从命令离开。等走远了，郑板桥才告诉大家，原来这副对联隐含"缺一（衣）少十（食）"的意思，一定是这户人家穷得揭不开锅，没法过年了。而能够写出这副对联的人，一定是很有才华的读书人，自尊心极强，不会接受施舍的食物和衣服。

大家听了，不仅佩服郑板桥才思敏捷，更佩服他爱民如子的胸怀。

种庄稼和收庄稼

　　"庄""稼"经常放在一起使用，为什么呢？"庄稼"这个词语其实反映了我们农业社会的特点。

　　"庄"指的是村庄。

　　"稼"的甲骨文写作𤧹，上面是禾苗的形状，下面是田，字形指在田地里种植禾苗，造字本义是种植五谷。后来，"稼"引申为名词，指谷物。

　　"种"的金文写作𥞦，是由𥝌（禾，稻谷）和𥝌（重，背着禾苗的人形）构成的，造字本义是种植、栽种。这个意思现在还在使用，比如"种田""种麦子"。"种"的繁体字写作"種"，简化后，用笔画简单、读音相近的"中"（中）代替笔画繁复的"重"（重），成为现在的字形。种又读作 zhǒng，引申为植物的种子。

"种"字形演变

𥞦 → 禣 → 種 → 種 → 种

金文　　小篆　　隶书　　楷书（繁）　楷书（简）

春天来了，我把自己种在土里……

天天，你在干什么？

秋天的时候就会有很多天天，有人帮我写作业，有人帮我读书……我只负责玩！

庄稼成熟之后，就要收割，用刀收割庄稼便是"利"，甲骨文写作 利。左边是 禾（禾），右边是 刀（刀）， 刀 与 禾 之间的两点 丷 表示洒落的庄稼籽实。造字本义是锋利，引申为利润、利息，或者利益。

"利"字形演变

甲骨文 → 金文 → 小篆 → 隶书 → 楷书

再来说一下那些和粮食有关的器具。

"称"的篆文写作 稱，左边是 禾，右边是 冉（冉），表示读音。造字本义是动词，衡量物的轻重，引申为衡量轻重的器物。后来，人们又造了一个"秤"，这才把意思区别开来。

"升"也是量粮食的器具，甲骨文写作 🦴，后来引申为容量单位。假借为由下向上或者由低向高移动，组词如"升旗"。引申为提高，"升官"就是提升官位，"升级"就是提升级别。

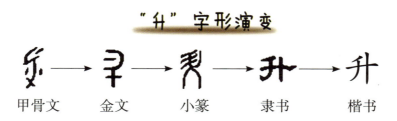

"升"字形演变

甲骨文 → 金文 → 小篆 → 隶书 → 楷书

神话故事

杨伯雍种玉

古时候，有一个叫杨伯雍的人。他的父母去世后，埋葬在无终山。杨伯雍在无终山盖了一间茅草屋，守着父母的坟墓尽孝。无终山是一个交通要道，过往的行人很多，山上却没有水。杨伯雍每天从山下担水上山，准备好免费茶水，供应给过往的行人。

这天，一个老人步履蹒跚地走上山，看起来又饿又渴。杨伯雍急忙上前搀扶老人，请老人吃饱喝足，却坚持不肯收钱。老人掏出一袋小石子，让他把石子种在高山上有大石头的地方，并说小石子会长出美玉。

杨伯雍虽然不相信，但为了不让老人难过，便真的把石头带到山上去播种了。等杨伯雍种好小石子，回到半山腰时，老人已经不见了。

三年以后，杨伯雍守孝结束，准备离开，又想起了当初种下的小石子。抱着试试看的态度，杨伯雍爬到了种石子的地方。刚爬上去，杨伯雍就惊呆了：那些大石头上真的长满了白玉。

就这样，杨伯雍靠着从山上采下的这些白玉，过上了幸福的生活。

山脚下有一户姓徐的人家，是当地的名门望族。女儿聪明伶俐，善良漂亮，很多人都去向她提亲。有一次，杨伯雍从徐府门口经过，恰巧碰到徐小姐。杨伯雍对徐小姐一见钟情。徐家认为杨伯雍门第不高，就故意刁难他，索要一对白璧做聘礼。谁知道，杨伯雍竟然轻而易举地拿出五对毫无瑕疵的白璧。徐家吃了一惊，便把女儿许配给了他。

皇帝知道这件事情后，认为是杨伯雍人品高贵，上天才会这样奖励他。于是，皇帝召杨伯雍入朝为官，任命他为大夫，把他种玉的地方封为玉田。

这些字原来是农具

在我国古代农耕社会，农业占据着举足轻重的地位。我们今天所熟知的一些字，在造字之初其实和农具有关。

"农"的甲骨文写作𦬸，上面是⼳（艸），是丛生的草或者庄稼的形状；下面是𠂤，是一个人手持工具在田间劳作的样子。造字本义是在田间劳作。农业在封建社会有着重要的地位，二十四节气就是为了指导农耕而制定的。

"农"字形演变

| 甲骨文 | 金文 | 小篆 | 隶书 | 楷书（繁） | 楷书（简） |

十二生肖中有"午马"，指生肖马排在第七位。

"午"的甲骨文写作∮，字形像是舂米的木杵，金文↑突出了杵棒的第一个横结，篆文⼿将第二个横结写成横画。造字本义是木杵。古人用木杵来舂米或者捶洗衣服，这

133

个本义后来写作"杵"。"午"的本义消失后，假借为地支的第七位，还可以引申为时间，指白天的十一时至十三时。

"力"也是古代的一种农具，甲骨文写作，像是耒耜的形状。耒耜，是古代一种翻地的工具。因为使用耒耜翻地需要用力，"力"引申为力量、能力、努力。金文、篆文、隶书都突出了耒耜的形状。

"力"字形演变

甲骨文 → 金文 → 小篆 → 隶书 → 楷书　力

让人意外的是，"以"也是古代的一种农具，甲骨文写作。篆文加上了人的形状，强调人在拿着农具劳作。简化后，写作"以"。本义消失后，"以"引申为用、拿，"以少胜多"就是用少量的兵力战胜强大的敌人。

"以"字形演变

甲骨文 → 金文 → 小篆 → 隶书 → 楷书　以

"钱"其实也是古代的一种农具，用来铲土、除草，和今天的铁铲相似。它的楚简字形为，左边是金字旁，表示金属；右边是（戋），表示农具。后来假借为铜钱，引申为货币，如"金钱""铜钱"；引申为形状像铜钱的东西，如"榆钱"。

李绅和《悯农》

　　李绅自幼好学，中了进士后，皇帝见他学识渊博，才学出众，让他做了翰林学士。

　　有一年夏天，李绅回故乡亳州探亲访友，正好遇到李逢吉。二人是同榜进士，又是朋友，久别重逢，便相约着一起去游玩。

　　这天，李绅和李逢吉登上城东的观稼台欣赏风景。远处的田野里一片金黄。两个人遥望远方，心潮起伏。

　　李逢吉触景生情，吟了一首诗，最后两句是："何得千里朝野路，累年迁任如登台。"意思是，如果升官能像登台这样快就好了。

　　李绅此时却被另一种景象感动了。他看到田野里的农夫在炎热的阳光下锄地，不禁感慨，随口吟道：

　　　　锄禾日当午，汗滴禾下土。

　　　　谁知盘中餐，粒粒皆辛苦！

　　李逢吉听了，连说："好！好！这首诗作

得太好了！一粥一饭得来都不易呀！"李绅仰天长叹了一口气，接着又吟道：

春种一粒粟，秋收万颗子。

四海无闲田，农夫犹饿死！

李逢吉一听，心道这是在写反诗泄愤哪！第二天，李逢吉就进京，向皇上告状说李绅写反诗。皇上没有偏听偏信，而是把李绅喊进来询问究竟。李绅承认自己心疼农民的辛苦，才写下了这首诗。皇上不仅没有给李绅治罪，反而称赞李绅能够体察民情。

心术不正的李逢吉虽然得到了李绅的原谅，但后来也因为其他事情被罢了官。

"摇钱树"的由来

趣味知识卡

三国时期，有一个叫邴原的人，品德非常高尚。有一次，邴原在路上捡到一串钱。由于找不到失主，邴原又不想把钱据为己有，便把钱挂在附近的大树上，希望丢钱的人回来之后可以看到。路过此地的人看到这棵树上有一串钱，以为这棵树是神树，纷纷把自己的钱挂在树上。"摇钱树"由此而来。